TRÊS DEVOTOS, UMA FÉ, NENHUM MILAGRE
NITHEROY
REVISTA BRASILIENSE DE CIÊNCIAS, LETRAS E ARTES

FUNDAÇÃO EDITORA DA UNESP

Presidente do Conselho Curador
Antonio Manoel dos Santos Silva

Diretor-Presidente
José Castilho Marques Neto

Assessor Editorial
Jézio Hernani Bomfim Gutierre

Conselho Editorial Acadêmico
Aguinaldo José Gonçalves
Álvaro Oscar Campana
Antonio Celso Wagner Zanin
Carlos Erivany Fantinati
Fausto Foresti
José Aluysio Reis de Andrade
Marco Aurélio Nogueira
Maria Sueli Parreira de Arruda
Roberto Kraenkel
Rosa Maria Feiteiro Cavalari

Editor Executivo
Tulio Y. Kawata

Editoras Assistentes
Maria Apparecida F. M. Bussolotti
Maria Dolores Prades

TRÊS DEVOTOS, UMA FÉ, NENHUM MILAGRE

NITHEROY
REVISTA BRASILIENSE
DE CIÊNCIAS, LETRAS E ARTES

MARIA ORLANDA PINASSI

Copyright © 1998 by Editora UNESP
Direitos de publicação reservados à:
Fundação Editora da UNESP (FEU)
Av. Rio Branco, 1210
01206-904 – São Paulo – SP
Tel.: (011) 223-7088
Fax: (011) 223-7088 (r.227) / 223-9560
www.editora.unesp.br
E-mail: feu@editora.unesp.br

Dados Internacionais de Catalogação na Publicação (CIP)
(Câmara Brasileira do Livro, SP, Brasil)

Pinassi, Maria Orlanda
    Três devotos, uma fé, nenhum milagre : Nitheroy Revista Brasiliense de Ciências e Artes / Maria Orlanda Pinassi. – São Paulo : Fundação Editora da UNESP, 1998. – (Prismas)

    Bibliografia.
    ISBN 85-7139-198-X

    1. Brasil – História 2. Cultura – Brasil – História 3. Nitheroy Revista Brasiliense de Ciências e Artes I. Título. II. Série.

98-3275   CDD-905

Índice para catálogo sistemático:
1. Nitheroy Revista Brasiliense de Ciências e Artes: História   905

Este livro é publicado pelo
Projeto *Edição de Textos de Docentes e Pós-Graduados da UNESP* –
Pró-Reitoria de Pós-Graduação e Pesquisa da UNESP
(PROPP)/Fundação Editora da UNESP (FEU)

Editora afiliada:

Asociación de Editoriales Universitarias
de América Latina y el Caribe

Associação Brasileira de
Editoras Universitárias

Para Fernando, André e Renata

AGRADECIMENTOS

Este livro é o resultado das pesquisas realizadas para a elaboração da minha de tese de doutorado defendida em novembro de 1996 junto ao Programa de Pós-Graduação do IFCH da Unicamp. Dentre as várias pessoas que direta ou indiretamente tiveram presença positiva na confecção da tese e deste livro, agradeço de forma especial a minha orientadora, Profª Élide Rugai Bastos e aos demais integrantes da banca examinadora: Carlos Eduardo Ornelas Berriel, Maria Alice de Oliveira Faria, Maria Isabel Faleiros e Walquiria D. Leão Rego.

Durante a realização dos meus estudos, foram-me particularmente importantes as intervenções dos Profs. Antonio Soares Amora, Fátima Cabral, Ricardo Antunes, Jorge Miglioli e Lygia Osório; o incentivo do Departamento de Sociologia e Antropologia da UNESP de Marília e o auxílio inestimável do pessoal da Biblioteca da UNESP de Marília, do Arquivo Histórico do Palácio do Itamaraty, do Arquivo Nacional, do Museu Nacional de Belas Artes, da Biblioteca Nacional, do Instituto Histórico e Geográfico Brasileiro, da Biblioteca da Academia Paulista de Letras, da Biblioteca Central da Unicamp (Coleção Sérgio Buarque de Holanda) e da Biblioteca do IFCH/Unicamp.

Um agradecimento especialmente emocionado ao meu pai e a minha mãe *(in memorian)* pela formação humanista que me legaram.

SUMÁRIO

Apresentação 11

1 Introdução 17

2 Prelúdios da rebeldia parcimoniosa 27
O poeta 28
O político 33
O pintor 36
Impetuosidade acanhada 40

3 Vitrine do Brasil 47
Liberdade frustrada 48
A Europa nos trópicos 53
A Missão Francesa 55
Os salões 59
Um balcão de idéias 60
Unidade do paradoxo 66
Medidas profiláticas 74

4 O Brasil em Paris 89
O espectro da pobreza 95
Entre a boêmia e a prudência 98
Conluios portugueses 103

Reunião de amenidades 109
O disfarce "erudito" da política 112
Rusgas 115

5 Civilização de arrabalde 129
Luz sem reflexo 135
À sombra de Bonaparte 138
A mão invisível 143

6 Romantismo pelo avesso 153
Recusa do presente 157
O braço direito do homem 164
Ser genérico 167
Denominador oculto 168
Degenerescência e salvação pelo alto 172
Raças tristes 174
"Oh! terra de ignorantes!..." 178
Mistérios insondáveis 182

7 *Lumen* da história 189
O fio de Ariadne 192
Mediação 200
Ponto de chegada 205

8 Adendo: o sentido etimológico
e variações da palavra *Niterói* 209

Referências bibliográficas 217

APRESENTAÇÃO

Compreender o pensamento não de forma independente mas articulado à sociedade em que é produzido, eis um dos mais importantes desafios com que se depara o analista das idéias. Aceitando o repto, esta é a tarefa central que a autora se propõe ao discutir a obra coletiva dos autores considerados "os primeiros românticos" da literatura brasileira. Trata-se do estudo da revista *Nitheroy*, publicada em Paris em 1836, por Gonçalves de Magalhães, Araújo Porto alegre e Torres Homem.

Originalmente produzido como uma tese de doutorado em Ciências Sociais, o trabalho abre espaço à pergunta: cabe estudar no quadro da sociologia uma publicação tradicionalmente inscrita no âmbito da literatura? A resposta à questão vai ser dada no decorrer do livro. Se vale a tese de que o pensamento é configurado por seu momento histórico comporta considerá-lo como uma forma de inteligência do real. Assim, pode-se defini-lo como um importante instrumento de análise sociológica, uma vez que permite a revelação e a compreensão do mundo. Todavia será instrumento revelador somente na medida em que a relação sociedade/obra não seja pensada mecanicamente, mas o processo seja apreendido de modo dinâmico.

Essas preocupações vão definir o modo pelo qual será abordado o assunto no livro. O trabalho busca compreender a constituição do quadro econômico, social, político e cultural do Brasil das primeiras décadas do século XIX, período pleno de mudanças que transformam o lugar social dos personagens em questão. Sua origem, formação, relações sociais, aspirações são prescrutadas tendo como objetivo entender o destino social para o qual vão sendo impelidos. Os tempos de Paris, momento de produção e publicação da revista, representam uma fase de suas vidas que marcará a continuidade destas mas não representará a definição de um destino. Desenvolverão posteriormente vidas e trabalhos independentes. Suas posições políticas ganharão outro rumo. Por esse motivo a questão da ambigüidade presente não somente nas idéias mas na articulação idéias/prática política ganha centralidade na reflexão da autora. Assim, não só o momento histórico da sociedade em que viveram mas a própria ambiência de suas vidas e as vicissitudes de suas biografias interessam como material explicativo da temática e dos caminhos da produção daqueles autores.

Nessa direção pode-se perceber que para Maria Orlanda as privações vividas pelos personagens, suas frustrações, as aspirações comuns, os sacrifícios que lhes são impingidos, a necessária dependência do mecenato, as relações sociais marcadas pelo favor, não se constituem apenas em elementos que podem definir complexos psíquicos explicativos. São também, mas não somente, condicionantes sociais. Mais ainda, são expressão da dimensão da sociedade onde vivem, na qual a mediocridade impera. Assim, os dados biográficos passam a ser elementos explicativos do mundo e anteparos que permitem compreender o alcance e os limites da ação e do pensamento daqueles autores.

Nitheroy, Revista Brasiliense, dedicada às Ciências, Letras e Artes, tem um objetivo explícito na epígrafe que acompanha seu título – tudo pelo Brasil e para o Brasil. Mais ainda, propõe-se, conforme é declarado na apresentação da publicação, a levar o leitor ao costume de "refletir sobre objetos do bem-comum e de glória da pátria". As idéias desenvolvidas pelo periódico foram gestadas pelos seus organizadores ainda no Rio de Janeiro, metrópole que sofrera mudanças significativas nas primeiras décadas do século XIX, alterações associadas a importantes transformações de ordem político-administrativa. A vinda de D. João e da Corte portuguesa, a chegada da Missão Francesa, a existência de salões reunindo intelectuais e artistas, a fundação das novas livrarias que se configuraram como "balcões de idéias" e constituiram-se locais de encontros de natureza política são o pano de fundo sobre o qual se originam algumas das principais indagações dos autores que comporão o grupo diretor da revista. Trata-se, sem dúvida, de uma ambientação europeizada, muito distante da realidade do resto do país. Isso explica, de certo modo, uma certa ambigüidade presente em sua reflexão.

Em Paris as idéias ganham corpo. A substituição de uma temática localista, típica e conveniente ao sistema colonial por um debate de caráter nacional, já iniciada pelos autores no Rio de Janeiro, ganha alcance cosmopolita. Assim, em 1834, registra-se a primeira atividade coletiva do grupo: uma apresentação conjunta no Instituto Histórico de Paris da comunicação "Résumé de l'histoire de la littérature, des sciences et des arts au Brésil, par trois brésiliens, membres de l'Institut Historique". Falam sobre o estado da cultura brasileira, Torres Homem dissertando sobre ciência, Porto alegre sobre artes e Magalhães sobre literatura. Em 1836 nasce *Nitheroy*. Os autores escrevem sobre literatura, economia, direito, astronomia, química, música. Só são publicados dois números. O grupo se dispersa. Os intelectuais que se apresentavam como extremamente críticos da situação nacional voltam ao Brasil e a nova fase de suas produções "se modula pela conformação ao espírito vigente entre as elites dominantes do país".

Antonio Candido já assinalou, referindo-se aos autores da *Nitheroy* e incluindo escritores do período, serem eles marcados "por nítida dubiedade nas atitudes e na prática". Oscilam tanto entre duas estéticas quanto entre duas atitudes políticas – "misturam certo liberalismo de origem regencial e o respeitoso acatamento ao Monarca". O livro de Maria Orlanda recupera o caminho tortuoso trilhado por esses intelectuais. De um lado, tocam o ponto nevrálgico da sociedade brasileira do século XIX – o escravismo; mais ainda, têm consciência de que o caráter indefinido das camadas médias, que se aliam às boas e às más causas, não deve sua volubilidade a razões intrínsecas a estas mas sim à sociedade escravista, por natureza deletéria. De outro, a dubiedade anteriormente assinalada impõe uma saída política – a conciliação.

É aqui que a autora ancora sua crítica. Busca mostrar os limites da adoção da filosofia eclética, tão difundida no período, como elemento norteador das análises e busca de soluções aos problemas do país. Avança a argumentação invocando o modo pelo qual reagem os intelectuais numa situação de atraso e cobra dos nossos românticos uma visão mais clara sobre as potencialidades tanto internas como externas do país. Aponta para a mistificação desse diagnóstico que não percebe o movimento geral das nações e faz pouco da diversidade e da desigualdade, equívoco segundo ela *relativamente* explicável pela pouca transparência da situação.

Volto a Antonio Candido, que aponta para a necessidade de generosidade para com esses autores que, sem dúvida, são dúbios mas cuja dubiedade se deve menos às características pessoais do que às da época em que vivem. Maria Orlanda é muito mais dura para com eles. Talvez porque veja nas soluções dadas naquele então as raízes da ambigüidade que marcará a política brasileira. Mais ainda, porque considera que aí se inscrevem, pela repressão feita sobre as revoltas populares do período, as diminutas potencialidades das classes subalternas brasileiras de mudar seu destino.

Aqui se aloja, para mim, uma dúvida. Não sei se podemos ser tão rigorosos para com esses intelectuais, especialmente se voltarmos à tese da relação sociedade/pensamento invocada anteriormente. Magalhães, Torres Homem e Porto alegre viviam numa época em que o passado devia ser liquidado para que se pudesse construir o futuro. Sabemos o quanto isso é difícil, quantas amarras nos prendem ao passado e o quanto é preciso inventar para exorcizá-lo. Assim, os limites de sua obra também são os limites de seu tempo. Esta é uma polêmica que o livro levanta. Trata-se de mais um elemento que o marca, além do farto material pouco conhecido tanto sobre os personagens estudados quanto sobre a ambiência em que se desenvolve sua produção intelectual. Configura-se, desse modo, um trabalho que nos faz pensar tanto sobre o passado como sobre o presente.

Elide Rugai Bastos
São Paulo, setembro de 1998.

"O Brasil colocado noutro hemisfério, noutro continente por muito tempo fora do contato da civilização Européia, tendo de trilhar a estrada, que a nova civilização lhe marca, de nenhum modo pode ter por presente, o presente da Europa, centro hoje da civilização. Impelido mais tarde ao movimento, falto de molas, que o ativassem, lentamente devia tocar os diferentes graus que a civilização européia, em sua marcha, após si deixara; seu presente é pois o passado ilustrado da Europa".

Gonçalves de Magalhães,
Ensaio sobre a literatura do Brasil, *Niterói*

"A luta contra o presente político alemão é a luta contra o passado dos povos modernos, ainda aflitos por reminiscências desse passado."

Marx, *Crítica da filosofia do direito de Hegel*

"O texto, o plano foi redigido, impresso e esquecido!
Um manual de instrução entre os mil de que já dispomos!
Um código de boas regras igual a mais uns milhões
que ainda se produzirão.
E o mundo há-de ficar tal como está!"

Herder, *Também uma filosofia para a formação da história da humanidade*

I INTRODUÇÃO

Em 1833, um pequeno grupo de jovens brasileiros se reúne em Paris para aprimorar os estudos iniciados no Rio de Janeiro e sonhar com a destinação pródiga da igualmente jovem e melancólica pátria. Solidários nos anos difíceis que viveram em terra estrangeira, entre eles havia laços de uma amizade selada ainda na capital do Império, onde descobririam afinidades sociais, artísticas e políticas. Desse fértil encontro, que para alguns duraria a vida inteira, resultou, entre outras coisas, na publicação de *Nitheroy – Revista Brasiliense de Ciências, Letras e Artes*.[1] Mas, o

---

1 Para esse estudo, foi utilizada a edição fac-similar publicada pela Academia Paulista de Letras (1978), cujos originais foram cedidos por Plínio Doyle, que inclusive lhes faz a Introdução. Contém ainda uma Apresentação Crítica de Antonio Soares Amora, anteriormente publicada na forma de artigo intitulado "A Niterói – Revista Brasiliense", em *Classicismo e romantismo no Brasil*, São Paulo: Conselho Estadual de Cultura, (1966, p.103-22) e reproduzido em *O romantismo*, São Paulo: Cultrix, (1967, p.92-105). Segundo informação de Doyle, não foi possível identificar os meses de publicação da *Niterói*, ainda que alguns artigos venham datados, mesmo porque nem os originais da sua coleção, nem os demais consultados, conservaram a capa. Outros exemplares de que se tem notícia da revista *Niterói* podem ser encontrados na Biblioteca Nacional, Seção de Obras Raras, P. 5-1, 1 a 5, com quatro coleções (uma só completa); no Real Gabinete Português de Leitura (4 E 6, 9044) e na Biblioteca do Itamaraty.

que à primeira vista pode parecer fruto de uma aventura juvenil e diletante, converteu-se numa fonte de idéias precursoras – instigantes umas, equivocada a maioria – que contribuiriam decisivamente para a formação e para a posteridade do pensamento brasileiro.

Editada em Paris por Dauvin et Fontaine Libraires e impressa na Imprimerie de Baulé et Jubin, a revista *Niterói* foi emblemática das características que marcaram a transição política, considerando que elementos fundamentais do recente passado colonial perpetravam a nova realidade e desafiavam a capacidade do infante pensamento brasileiro em tornar exeqüível o progresso a partir dos escassos recursos materiais e espirituais do país. Os jovens idealizadores mais conhecidos da revista – Domingos José Gonçalves de Magalhães, Manuel de Araújo Porto alegre[2] e Francisco de Sales Torres Homem – aceitaram o desafio de decodificar e criticar a superficialidade política do rompimento com o pacto colonial, publicando um dos registros mais interessantes dessa fase particularmente rica da história brasileira.

Mas, ao contrário do que aparentam nos "tempos de glória", suas trajetórias até a realização da *Niterói* não foram das mais fáceis. Da infância à juventude, suas vidas foram marcadas por favores e sacrifícios, vias pelas quais conseguiram destaque entre muitos outros jovens que pleiteavam lugar ao sol dos trópicos.

---

2 Conforme biografia escrita por De Paranhos Antunes, *O pintor do romantismo* (1943, p.18), seu nome de batismo era Manuel José de Araújo tão-somente, e a respeito das variações que ele próprio acrescentou ao nome original diz o seguinte: "O jovem artista, como todos os brasileiros, deixa-se empolgar pelo movimento em prol da Independência do Brasil. E o primeiro passo desses moços nacionalistas foi trocar os sobrenomes lusitanos ou acrescentar a eles um outro genuinamente brasileiro ... O moço seguiu-lhes o exemplo e passou a assinar Manuel de Araújo Pitangueira. O sobrenome escolhido, contudo, não lhe calhou bem e servia para motejo dos conhecidos, especialmente do vigário geral, cônego Antonio Vieira Soledade, o qual cada vez que o encontrava, dizia, gracejando: '– Olá! seu Pitangueira, como vão as pitangas?'. Conquanto já senhor de alguma cultura e superior a preconceitos ou diz-que-diz-ques, a troça não lhe agradava. E um belo dia abandonou o Pitangueira para sempre, trocando-o por Porto alegre". A grafia escolhida era exatamente assim, com "a" minúsculo, forma que será adotada neste livro.

Com a publicação da revista e do poema de Magalhães,[3] começavam a provar o gosto da notoriedade entre figuras importantes da Corte, notoriedade que seria uma marca de seu papel intelectual durante quase todo o Império: Gonçalves de Magalhães seria Visconde de Araguaia, Porto alegre, Barão de Santo Ângelo e Torres Homem, Visconde de Inhomirim. Mas, ainda na juventude, não havia entre eles nem aquiescência ao conservadorismo vigente, nem aproximavam-se da cartilha jacobina. Cultivavam um certo horror pelos extremos e sua perspectiva social constituía uma novidade proveniente de camadas médias emergentes de um ainda tímido processo de urbanização. Eram insólitos, mas essencialmente moderados, como foram também Evaristo da Veiga, Feijó, José Bonifácio, Monte Alverne, pessoas com as quais travaram relacionamento pessoal e de quem tiveram influência decisiva.

Desde 1836, ano em que foram publicados os dois únicos volumes da revista *Niterói* , com 188 e 264 páginas, respectivamente, sua presença tem sido obrigatória nos anais de literatura. Isso se explica pelo fato de ter publicado o "Ensaio sobre a literatura do Brasil" que, desde os êmulos de seu autor, Gonçalves de Magalhães, é considerado o estopim de todo um processo de renovação literária condizente com a novíssima realidade independente do Brasil. Pouco mais tarde, ainda no século XIX, a crítica consagraria o texto de Magalhães como o manifesto romântico brasileiro, constituindo uma idéia que, com ou sem reservas, se vem acatando e cristalizando como verdade incontestе. O fato é que, na estrutura periodizada da literatura brasileira, a revista *Niterói*, Magalhães e seu grupo compõem a nossa primeira geração romântica e, como tal, confinam o terreno puramente estético.

No entanto, idéias literárias divulgadas na revista não eram exatamente pioneiras, mesmo porque, antes dela, Bouterwek, Sismondi, Ferdinand Denis, Januário da Cunha Barbosa e Almeida Garrett, principalmente, já buscavam identificar uma literatura brasileira autônoma. E, nem tampouco, a publicação do gênero

---

3 No mesmo ano de 1836, Domingos José Gonçalves de Magalhães publica, ainda em Paris, pela Paris Mausot, o poema *Suspiros poéticos e saudades*, que "quiseram ser a um tempo o nosso Prefácio de Cromwell e o grito do Ipiranga da poesia" (HOLANDA, 1939, p.XI).

20 MARIA ORLANDA PINASSI

constituiu novidade no país. Em 1833, por exemplo, a Faculdade de Direito de São Paulo já publicava a igualmente efêmera *Revista da Sociedade Filomática*.[4] Em Paris, circulava o *Journal de Connaissances Utiles* (1830), editado por E. Girardin e, desde 1834, o *Journal de l'Institut Historique* era publicado mensalmente em formato in-8° (Faria, s. d, p.29). De 1837 a 1858, foi editado O *Panorama*, em Lisboa, pela Sociedade Propagadora de Conhecimentos Úteis, com direção e colaboração de Alexandre Herculano. Em comum, eram periódicos destinados a difundir "idéias atualizadas acerca de problemas na pauta de interesses dos países de vanguarda, particularmente de suas classes dirigentes, e divulgação de curiosidades de vária ordem, históricas, geográficas, etnográficas, industriais, e ainda de divulgação de conhecimentos úteis e de leituras de passatempo". No entanto, diferentemente de sua antecessora brasileira, não cedeu à "facilidade de transcrição abundante de material encontrável em revistas e jornais semelhantes" (Amora, 1965, p.95). Antes, seus redatores preferiram dar-lhe conteúdo inédito e, de próprio punho, teceram comentários e análises.

Ao conferir a Apresentação do primeiro número da *Niterói*, sua proposta parece seguir-lhes o estilo: "As obras volumosas e especiais só atraem a atenção de alguns homens exclusivos, que de todo se dedicam às ciências, aqueles, porém, que por sua posição não podem sacrificar o tempo à longa meditação, folgam, quando em um pequeno livro, contendo noções variadas e precisas, encontram um manancial, que lhes economiza o trabalho de indagações e o enojo de um longo estudo, colhendo numa hora o resultado de um ano de fadigas" (*Niterói*, Ao Leitor).

---

4 Conforme o Prof. Antonio Soares Amora, hoje apenas se conhece um dos dois números que dela se editaram (1965, p.96). Na análise que faz da revista, o Prof. José Aderaldo Castello informa que "... é o primeiro periódico de importância literária que se publicou em S. Paulo, princípio da afirmação da consciência crítica da reforma romântica no núcleo de efervescência literária que foi a Faculdade de Direito de S. Paulo no século XIX. Era órgão oficial da Sociedade Filomática, fundada em 1833, por professores e estudantes de Direito: José Inácio Silveira da Mota, Francisco Bernardino Ribeiro, os Drs. Carlos Carneiro de Campos, José Joaquim Fernandes Torres e Tomaz Cerqueira e mais Justiniano José da Rocha, Antonio Augusto Queiroga, João Salomone Queiroga e José Marciano Gomes Batista" (1960, p.29).

Como indica o próprio título, essa que foi a primeira revista nacional a editar material inédito "por e para brasileiros", transcende o caráter puramente literário. Compõe-se de um amplo espectro temático, eclético, voltado para as variedades "úteis" e sintonizado com a realidade nova da Independência, aspecto esse que atribui à revista uma natureza programática, na qual percorre uma "zona onde a literatura confina com a política, sem que as separe uma linha muito nítida" (Holanda, 1939, p.X), mas uma leitura aprofundada de todos os artigos, indica que a *Niterói* vai ainda mais além.

Nas primeiras décadas do século XIX, o futuro brasileiro acenava com a promessa de prosperidade geral. É com esse estado de espírito que a *Niterói* constitui um projeto amplo o suficiente para assumir compleição burguesa, um dos primeiros de que talvez se tenha notícia no Brasil. Neste projeto, pleiteia-se para o país um quinhão no universo civilizado do Ocidente, colocando-o como herdeiro dos destinos revolucionários da Europa, aderindo e potencializando, com otimismo, as possibilidades de progresso. Para a revista, a Independência havia detonado um processo que só se confirmaria com o alargamento da base empírica, das experiências internas e externas atingindo todos os níveis da vida brasileira. Para isso, detectavam-se pré-condições para a realização de suas idealizações que não vinham de fonte puramente abstrata: a imagem de Brasil grande, de natureza paradisíaca, exótica, manancial inesgotável para o enobrecimento da vida espiritual e material é enfocada sobretudo nos artigos que tratam de literatura, artes e filosofia; em contraposição, os artigos sobre economia e crédito público, relações de trabalho, ciências e técnicas de melhoramento da produção agrícola e educação industrial oferecem alternativas e desnudam a imagem de um Brasil grotesco, escravocrata, violento, atrasado e supersticioso, resquícios do passado dominado pelo português. Dois Brasis se confrontam e se opõem numa luta surda em que um é estimulado a destruir o outro por meio da captura e da particularização dos novos enigmas civilizatórios que se põe a desvendar.

Empenhada, então, no processo civilizatório, ocidentalizante e modernizador, supunha que a superação do atraso seria mera questão de tempo, tempo suficiente para a remoção dos obstáculos, entre eles, a destruição da instituição escravista e a transformação da mentalidade arcaica da aristocracia agrária. A estranha convivência de liberalismo e escravismo, assim como a permanência de canais que mantinham o Brasil dependente, não mais de Portugal, mas de um conjunto diverso de nações lideradas pela França e pela Inglaterra, não é percebida como contradição estrutural e, sim, como desigualdade residual. Esse raciocínio parece inaugurar um estilo de análise dualista que foi bastante cultivado pelo pensamento brasileiro dedicado às vias possíveis de desenvolvimento no Brasil.

Nos anos de 1830 esse raciocínio provém de uma acentuada ânsia de diferenciação em relação ao passado colonial. Carregando de culpa as empresas do colonizador português, baseadas sobretudo em formas de opressão estética e material, na revista *Niterói* é proposta uma ruptura com os valores coloniais, representados principalmente pelas normas clássicas e universalizantes que impediam a manifestação das particularidades brasileiras do espírito e da natureza. O passado, portanto, haveria de ser corrigido mas, para isso, era mister abandonar a cultura da imitação e da generalização imposta pelos padrões portugueses. Era chegado o momento de estender a independência política para o âmbito da economia e das produções artísticas, literárias, culturais. A libertação do país, enfim, permitiria à "pátria marchar na estrada luminosa da civilização" (*Niterói*, Ao Leitor), tornando possível uma outra filiação, mais adequada às condições que o século XIX apresentava:

> Com a expiração do domínio português desenvolveram-se as idéias. Hoje o Brasil é filho da civilização francesa, e como nação é filha dessa revolução famosa que balançou todos os tronos da Europa e repartiu com os homens a púrpura e os cetros dos Reis. (Magalhães, *Niterói*, p.122)

O trecho acima expressa o sentimento antilusitano de Magalhães, ao mesmo tempo que demonstra que a ruptura com a estética colonial, portanto portuguesa, não significava que a autonomia desejada fosse desprovida de filiações, e esse fator problematiza sobretudo a noção de nacionalismo imputado a essa geração. Na medida em que reivindicava um espaço na constelação civilizatória, forjada à luz da Revolução Francesa, o antilusitanismo da revista propõe, de fato, romper com *a nação* que dominou e tolheu o Brasil durante três séculos de vigência colonial. Para ela, o rompimento com o *processo* de dominação ocorreria *naturalmente*, desde que o Brasil abraçasse pacificamente as condições universais dos novos tempos, possibilitando a manifestação e o enriquecimento de suas próprias potencialidades. Ou seja, desejava-se um movimento de integração e diferenciação, de incorporação ao geral, dado pela mentalidade e as normas européias, para apreensão e desenvolvimento das particularidades nacionais. Na verdade, na revista *Niterói* se estabelece um conflito entre duas culturas civilizatórias: uma degenerada, com a qual pretendiam romper, e outra redentora, à qual desejavam aderir. Mas, a ruptura pacífica que propõe não é seguida de uma ruptura histórica, donde se apreende que a construção da imagem brasileira que se fazia não tinha como fugir da realidade que, mesmo diferenciada pela Independência, mantinha as molas mestras do colonialismo português: escravismo, provincianismo, mentalidade patriarcal arcaica e dependência.

Essa mesma realidade proveniente de uma sociedade pouco complexa, composta basicamente de escravos e donos de escravos, era, portanto, destituída de portadores sociais capazes de incorporar as idéias novas que propunha a revista *Niterói*. Ou seja, nessa realidade, nem mesmo as elites, que seriam o verdadeiro alvo de seus apelos para o progresso, eram capazes e nem queriam incorporar, afetiva e ativamente, as idealizações nela projetadas.

O grande desafio enfrentado pelos idealizadores da *Niterói* era justamente sensibilizar as classes dirigentes da sociedade brasileira, incultas e acomodadas, para a difícil empresa de ilustrar-se e arejar a mediocridade da vida que insistia em manter-se colonial. Conscientes das dificuldades, constróem um discurso essencialmente persuasivo, no qual se mascaram as complexidades e contraditoriedades inerentes à sociedade de classes, cuja defesa se baseia em liames morais e espiritualistas de extração cristã. Isso não significa que, por detrás de toda a sua argumentação antiescravista, por exemplo, argumentação essa que se observa na maioria dos artigos como o grande problema brasileiro a se combater, se oculte qualquer princípio generoso e humanitário.

Seu discurso é um amplexo à erudição e à citação de uma imensa galeria de fatos e nomes datados na história da humanidade, que expressa uma objetividade claramente defensora da composição da mão-de-obra livre e do processo de industrialização no Brasil. A cristianização do país, contrária ao paganismo do colonizador português, nos redimiria das injustiças cometidas contra o papel civilizatório dos jesuítas junto aos selvagens, assim como seria a suprema chance de libertação do "suor venenoso do escravo" e habilitação para os benefícios da liberdade burguesa. Essa religiosidade, elevada aos extremos da abstração e mascaramento da realidade, cria um profundo mal-estar em relação aos clássicos do Iluminismo, aos quais reputa-se o paganismo responsável pelo Terror. Os tempos do Brasil são outros; seu tempo é o da harmonia preconizada por Luís Felipe, pela conciliação da burguesia com o clero e a monarquia. Daí toda a estrutura de seu pensamento ser, de fato, intermediada pelo ecletismo "de compromisso" de Victor Cousin, pelo cristianismo de Chateaubriand, pelas rupturas propostas por Mme. de Staël, pelos tratados econômicos de Jean-Baptiste Say, ideólogos da burguesia pós-revolucionária.

Tal característica, assim como tantas outras que aqui serão tratadas, planta problemas teóricos de monta, na medida em que torna tênue a separação entre os sentidos adquiridos pela revista *Niterói*: se progressista, dada a pobreza brasileira, se conservadora, dada a persuasão ideológica do discurso colocado a serviço de uma burguesia internacional mais preocupada com a monopolização dos mercados, com o remapeamento do mundo econômico e com novas formas de recolonização, do que em promover revoluções políticas.

Nessa direção, esse livro centraliza suas preocupações em torno dos pressupostos românticos imputados à geração que compõe a *Niterói*, visto ser o romantismo um sentimento anticapitalista, uma visão de mundo elaborada para resistir às ameaças contra a destruição humana pela lógica do capital, lógica essa que aquela geração justamente pleiteia para o Brasil. É fundamentalmente a ambigüidade de seus propósitos em relação à realidade brasileira que leva à formulação da seguinte questão: *teria sido romântica a primeira geração do romantismo brasileiro?*

NITHEROY,

REVISTA BRASILIENSE.

SCIENCIAS, LETTRAS, E ARTES.

Todo pelo Brasil, e para o Brasi

Tomo Primeiro.

Nº 2.

Paris.

DAUVIN ET FONTAINE, LIBRAIRES,

PASSAGE DES PANORAMAS, Nº 35.

1836.

Capa da *Nitheroy, Revista Brasiliense*. (Biblioteca Academia Paulista de Letras, v.9, 1978).

2 PRELÚDIOS DA REBELDIA PARCIMONIOSA

> "O que se observa no caráter geral das Nações,
> se observa no indivíduo separado."
> *Manuel de Araújo Porto alegre*

Apesar da diversidade temática contida na revista *Niterói*, observa-se que todos os artigos perseguem objetivos comuns, quais sejam: 1. uma ruptura com a estética neoclássica portuguesa a propósito de complementar, no plano da cultura e das artes, a independência política, assim como diferenciar os novos tempos – regenciais – dos tempos da dominação colonial; 2. uma opção pelo abolicionismo do trabalho escravo e a sua substituição pelo braço livre e assalariado; 3. uma busca – histórica, geográfica e etnográfica – de dimensões particularizantes do Brasil para inseri-las no universo das nações modernas e ocidentais. Enfim, três dimensões apenas que se interpenetram e resultam num projeto de fundo ideológico, político, cujo pressuposto fundamental seria trilhar os caminhos do processo civilizatório, adequados às primeiras décadas do século XIX.

O conteúdo geral da *Niterói* expressa um corpo de idéias, de relativa coerência interna, que comporta ainda dois elementos: a) o fato de ter uma função social e, b) antes de ser um manifesto romântico, expressar o pensamento de uma tendência intelectual de intensa atividade no Brasil, particularmente no Rio de Janeiro.

É importante ressaltar que este livro, pretendendo apreender a função social da revista *Niterói*, publicada em 1836, centraliza suas preocupações na formação do pensamento expresso por Gonçalves de Magalhães, Araújo Porto alegre e Sales Tores Homem ainda na juventude dividida entre a capital do Império brasileiro e Paris.[1] Foi decisivo um rastreamento dos dados biográficos até aquela data. Na sua grande maioria, os trabalhos, livros e ensaios sobre o processo de formação da literatura brasileira, trazem biografias convencionais, sintetizadas e, em geral, repetitivas de suas vidas. Configuram-se como exceções alguns estudos que registram, entre um e outro fato pitoresco, aspectos de fundamental importância para a configuração de suas origens sociais, das possíveis ligações que estabeleceram antes de seu encontro em Paris e das influências políticas e intelectuais que determinaram o conteúdo de seu pensamento. Dir-se-ia que esse levantamento foi imprescindível à busca da originalidade que nele porventura se encontre.

O POETA

Domingos José Gonçalves de Magalhães nasceu na cidade do Rio de Janeiro em 13 de agosto de 1811. As biografias consultadas fazem referência ao nome de seu pai legítimo, Pedro Gonçalves de Magalhães Chaves, provavelmente de origem portuguesa, mas nada registram a respeito da mãe (Blake, 1893, p.217). São inexistentes ainda quaisquer referências aos estudos preparatórios que precederam seu ingresso, em 1828, no curso de medicina no Colégio Médico-Cirúrgico da Santa Casa de Misericórdia,[2] onde

---

1 As variações sofridas por esse pensamento, assim como as suas inúmeras e importantes contribuições no âmbito da cultura e da política que realizam na volta dessa viagem decisiva em suas vidas, serão eventualmente mencionadas, mas não analisadas neste livro.

2 É de Manuel de Araújo Porto alegre o quadro em que se vê o Imperador D. Pedro I, tendo ao lado o Ministro do Império José Feliciano Fernandes Pinheiro (Visconde de São Leopoldo) entregando o Decreto de Reforma da Academia de Medicina (9.9.1826) ao diretor, Dr. Vicente Navarro de Andrade,

diplomou-se em 1832. Jamais exerceu atividades médicas, mas o curso deve ter-lhe sido útil para penetrar nos círculos acadêmicos e intelectuais do Rio de Janeiro.

Esse homem de "escassa biografia",[3] teve uma infância de "mil dores rodeada, tão mofina e amargurada" como ele próprio revela no poema "Urânia" (tomo IV de suas *Obras completas*). Magalhães faz crer que a amargura dos primeiros anos deveu-se à debilidade de sua saúde e, no poema *Cânticos Fúnebres* (Idem, p.38), os versos são dedicados à memória de sua mãe que, apesar de não vir referida nas biografias, teve importante papel na sua formação inicial. Neste poema diz o seguinte:

> ... que penas, que cuidados
> te não deu minha infância tão molesta,
> que assídua e carinhosa defendeste
> tantas vezes da morte!... Que tormentos,
> que lágrimas, que insônias dolorosas
> te não custou a vida desse filho.

Segundo Roque Spencer Maciel de Barros, "essa infância doentia foi marcada, ao que indica o poema, pela educação religiosa, provavelmente dirigida pela mãe:

> Tu me ensinaste a crer – e eu ouço n'alma
> entre o gemer da dor e da saudade,
> a doce voz da fé, igual à tua,
> vida melhor, eterna prometer-me
> lá no seio de Deus, de ti ao lado
> Eu creio nessa voz em que tu crias,
> e espero ver-te ainda!... (1973, p.7)

---

que se acha rodeado de membros da Congregação. Este quadro, encomendado por alunos ou pelo Dr. Cláudio Luís da Costa, professor de anatomia, que seria seu professor, representava mudanças importantes na Escola, entre as quais a autorização de expedir carta de cirurgião a todos os diplomados da Escola Médico-Cirúrgica. O quadro está, desde dezembro de 1830, exposto na Faculdade de Medicina do Rio de Janeiro.

3 Suas biografias mais importantes podem ser encontradas em CASTELLO, 1946; ALCÂNTARA MACHADO, 1936. Dados biográficos esparsos são encontrados ainda em ROMERO, 1943, t.1, v.1, p.161-73; SPENCER DE BARROS, 1973; HOLANDA, 1939; CANDIDO, 1981; MAGALHÃES, 1865, t.VIII, p.313; AMORA, 1945, p.5, entre outros.

Não é difícil imaginar que essa formação rigidamente cristã tenha sido determinante na sua inclinação para a temática religiosa que manifesta, já em 1829, por meio de estudos filosóficos. "Data desse ano uma ode, em que compendiam, pela ordem cronológica, as várias escolas, e desfilam sucessivamente Demócrito e Pitágoras, Zeno e Platão, Aristóteles e Leibinitz, Descartes e Locke, Malebranche e Kant" (Alcântara Machado, 1936, p.25).

A mesma razão o levou a admirar e acompanhar o frei Francisco de Monte Alverne em várias de suas pregações públicas durante a infância e a adolescência. O próprio Magalhães se refere ao fato, marcante em sua vida, nos *Opúsculos* (p.313): "Desde os mais tenros anos", seguia a multidão da cidade do Rio de Janeiro para ouvir-lhe os sermões e para "não perder um só de seus movimentos tão expressivos, tão enérgicos, como iguais nunca os veria em outros" (apud Alcântara Machado, 1936, p.24).

Foi a admiração devotada ao "capuchinho encarnado", digno de inveja, "livre das preocupações materiais", que despertou nele o desejo de seguir carreira religiosa. Este aspecto é registrado como "pormenor ilustrativo" da vida de Magalhães que se manifesta a respeito no dia 13 de agosto de 1830 quando, à beira do túmulo que reunia o que "havia de grande no Rio", recita o poema de sua autoria intitulado "Elegia à Morte do Exímio Orador Frei Francisco de Sampaio". Ao terminar de interpretá-lo, dele se aproxima Monte Alverne que lhe diz: "Menino, em outro tempo eu vos convidaria a vir nesta comunidade tomar o lugar que fica vago. Hoje, porém, melhor destino espera o talento. Mundo por mundo, melhor é o grande para quem tão moço sabe chorar e fazer chorar por frade".[4] Sobre isso, Gonçalves de Magalhães, na

---

4 Essa passagem se encontra na biografia de frei de Monte Alverne composta por frei Roberto B. Lopes (1958, p.75) que se refere ainda ao fato de que "Frei Sampaio foi repousar o último sono ao lado de Frei São Carlos. Dos três franciscanos, irmãos nascidos na mesma terra, o Rio, vivendo da mesma vida franciscana, restava agora somente Monte Alverne. Seus irmãos de hábito iam desaparecendo pouco a pouco. Já não chegavam mais a oitenta. A tábua capitular em 1831 demonstrará que muitos cargos não poderiam ser mais ocupados e, o que é ainda pior, os conventos já começavam a ser requisitados pelo Govêrno perdendo-se alguns para sempre como o de S. Francisco, em São Paulo".

"Biografia de Padre Mestre Frei Francisco do Mont'Alverne", tece o seguinte comentário: "Parece que aquela alma tinha penetrado o segredo do meu coração. Todas as minhas tendências eram então para a vida claustral que eu representava como a elevação do espírito, a tranqüilidade da existência, o retiro do mundo, o desprezo das vaidades humanas, e o melhor caminho para o púlpito que me fascinava. Mas em contrário, manifestou-se o destino pela oposição de meu pai a quem não desejava desobedecer e desagradar; e o que é mais, pelos conselhos do Frei Francisco do Mont'Alverne: A vida do claustro (dizia-me ele) se não é o consórcio instintivo da humanidade, é um martírio sem mérito; não há entusiasmo que sustente por uma vida inteira o sacrifício forçado das mais imperiosas paixões humanas" (RIHGB, v.XIV, p.398).

Essa passagem ilustra dois aspectos importantes na vida de Magalhães: 1. razões familiares ou, mais precisamente, o pai se opunha à sua inclinação claustral. Mas, a carreira médica, imposta por ele, era uma profissão pouco prestigiada no século XIX; era, segundo Brito Broca (1979, p.147), uma "profissão de gente mediana e de ambições comedidas". Ser padre ou bacharel convinha mais a quem tinha "filho de futuro"; convinha mais às pretensões de Magalhães. O traço autoritário e a "idade provecta do pai, que tinha mais de 55 anos, da concepção", podem, segundo Alcântara Machado, ter sido fatores importantes no "temperamento nervoso do poeta, nas demasias de seu misticismo, na sua melancolia exagerada pela pandemia romântica" (1936, p.8). Segundo esse mesmo autor, "Magalhães confessou mais tarde que obedecera apenas à vontade paterna e que outras eram suas preferências" (1936, p.13); e 2. por manifestar inquietações intelectuais mundanas que, segundo Alcântara Machado, pareceram a Monte Alverne mais "sede de glória" do que "espírito de renúncia", foi por este desencorajado a seguir "caminho tão áspero" (1936, p.25).[5]

---

5 Quanto à questão que menciona sobre o "sacrifício forçado das mais imperiosas paixões humanas", é importante observar que a luta contra o celibato no Brasil foi liderada pelo Padre Diogo Antonio Feijó e consta do artigo sobre Astronomia – "Dos Cometas" – de Cândido D'Azeredo Coutinho publicado no n.1 da revista *Niterói*, onde se diz: "Em 837 apresentando-se o

32 MARIA ORLANDA PINASSI

Para além das frustrações imediatas que causou a Magalhães, o episódio serviu, no entanto, para dar início a uma longa e estreita relação de amizade entre os dois. Na biografia referida, Magalhães conta que "... nossas relações de amizade mais se estreitaram depois que em 1832 alistei-me como aluno ouvinte na sua aula de filosofia, no Seminário de São José, onde ele então residia" (*Opúsculos*, p.313).[6] Aí iniciaria seus estudos de filosofia eclética que, segundo consta, o frei teria sido, sem muito brilhantismo, o precursor no Brasil. Magalhães aprofundaria estes estudos nos cursos que freqüentara em Paris com o Prof. Jouffroy, discípulo de Victor Cousin, o grande mestre do ecletismo.

Em 1832, além de formar-se em medicina, Magalhães publicou o livro de versos *Poesias*,[7] em que prenuncia as idéias que formula sobre os objetivos da atividade poética e literária com o intuito de enobrecê-la, de investir-lhe de conteúdo patriótico, de elevar-lhe as virtudes humanas, "apontando-a como uma parte da filosofia moral" (Castello, 1961, p.8). Desde essa época, verifica-se que Magalhães se preocupava com as lutas políticas, tomando "partido constantemente dos princípios liberais." Tais idéias se-

---

quarto cometa inscrito na cometografia, o chefe dos Normandos o toma por sinal da cólera celeste, e para aplacar, funda mosteiros; por estes e outros meios desenvolve-se a terrível lei do celibato".

6 "O Seminário Episcopal de S. José se destinava a meninos leigos e a seminaristas, acolhendo tanto pobres como ricos. Estes eram os únicos que pagavam. Os alunos leigos eram chamados alunos do pátio e obedeciam a um comandante. Os estudos ali proporcionados constavam de latim, grego, francês, inglês, português, retórica, geografia, matemática, filosofia e teologia. Em 1817 foi fundido com o S. Joaquim. Em 1825 já estavam novamente separados, sendo que no S. José, dirigido por um reitor e um vice-reitor, ensinava-se: exegética, moral, dogma, liturgia, filosofia, latim, grego, francês, inglês e cantochão" (RIOS FILHO, 1946, p.355).

7 Esse conjunto de poesias mereceu um "Ensaio Crítico sobre a Coleção de Poesias do Sr. D. J. G. Magalhães" de Justiniano José da Rocha que o publica no n.2 da *Revista da Sociedade Filomática*, p. 47-57. Trata-se de uma análise elogiosa daquele com o qual se juntaria para defender a reforma literária no Brasil. São deles as palavras: "de seus talentos pode-se conceber as maiores esperanças; praza aos Céus que ele não esmoreça e aplicando-se as mais vastas composições eleve sua pátria, que tanto ama, entre as nações cultas ao alto grau a que lhe dão direito as riquezas de seu solo, e Gênio de seus filhos" (apud CASTELLO, 1960, p.44).

riam organizadas e publicadas no "Ensaio sobre a História da Literatura do Brasil" (*Niterói*, p.132-59).

O POLÍTICO

Desde os "tempos de puerícia" figurava como companheiro de Gonçalves de Magalhães "um certo menino destinado a ser uma das figuras culminantes do Segundo Império: Francisco de Sales Torres Homem" (Alcântara Machado, 1936, p.8-9). Bem antes, portanto, do encontro em Paris, e do projeto e publicação da *Niterói*, os dois meninos trocavam experiências na infância e na adolescência vividas entre várias identidades.

Segundo Alcântara Machado, os "dois garotos viram, de certo, com os olhos alagados de admiração, as cenas movimentadas e pitorescas, que a cidade natal lhes oferecia gratuitamente naquele tempo. Tiveram, talvez, de ajoelhar-se, mais de uma vez, à passagem do côche em que dona Carlota Joaquina passeava pomposamente a sua fealdade pelas ruas descalças ou pelas estradas maravilhosas da Côrte; ou puderam avistá-la, escanchada numa cavalgadura de preço, em direção a Laranjeiras, pelo Catete afóra. Viram Dom João VI, macrocéfalo e barrigudo, sacudido dentro de uma carruagem pífia, a caminho de São Cristóvão, onde tinha palácio. Deslumbraram-se com as luminárias do Campo de Sant'Anna, e os arcos triunfais do largo do Paço, erguidos por Grand-Jean de Montigny para festejar a coroação do novo soberano do Reino-Unido. Espiaram a chegada de dona Leopoldina e a partida da família real. Trocaram insultos e bofetadas com os 'marotos' e 'pés de chumbo' da mesma idade. Ouviram, transidos de medo, o éco das arruaças e o troar do canhão por ocasião do motim de 24 de fevereiro. Acompanharam o bando imponente que, precedido de moleques e anunciado pelo pipocar dos foguetes e pelos músicos da cavalaria policial, convocava o povo para as festividades da sagração. Bem pode ser que, na tarde em que a Constituinte foi dissolvida, tenham visto o Imperador à frente do estado maior, atravessar carrancudo a cidade amuada" (1936, p.9-10). Essa longa passagem sugere que, juntos, teriam testemunhado os acontecimentos mais significativos da Corte desde a vinda da família real ao Brasil até a dissolução da Constituinte em 1824, o que ajuda a compreender algumas das suas afinidades eletivas.

Francisco de Sales Torres Homem,[8] assim como Magalhães, nasceu no Rio de Janeiro, em 29 de janeiro de 1812. Além das brincadeiras infantis que compartilharam nas ruas da cidade natal, foram colegas de turma no Colégio Médico-Cirúgico da Santa Casa de Misericórdia. Contemporâneos nos tempos de graduação foram ainda Antonio Felix Martins e Cândido Borges Monteiro que vêem citados nas *Poesias Avulsas* de Gonçalves de Magalhães (1864, p.96, 176-7, 213 e 239). Dos quatro amigos, apenas estes últimos se dedicam à carreira médica até o fim da suas vidas.[9]

Magalhães diversificaria suas atividades entre a literatura, a filosofia e o teatro,[10] enquanto Torres Homem, cedo já mostrava inclinação para a política. Era desejo de Sales Torres Homem fre-

---

8 São mais escassas ainda as biografias compostas para Francisco de Sales Torres Homem. Informações esparsas foram colhidas de MAGALHÃES JÚNIOR, R., *Três panfletários do Segundo Reinado* (Torres Homem, Justiniano José da Rocha e Ferreira Viana, com texto integral de O Libelo do Povo; Ação, Reação e Transação e a Conferência dos Divinos); VIANNA, H., Francisco de Sales Torres Homem, Visconde de Inhomirim, *RIHGB*, v.246; BLAKE, S., *Dicionário bibliográfico brasileiro*; CAMPOS, O Brasil anedótico, SOUZA, *História dos fundadores do Império do Brasil*, v.6 e 9 e MENEZES, *Dicionário literário brasileiro*, v.6.

9 "Antonio Felix Martins (barão de S. Felix), professor da Faculdade de Medicina do Rio de Janeiro. Cândido Borges Monteiro (Visconde de Itaúna), também docente da mesma faculdade, médico da Imperial Câmara e parteiro da Imperatriz" (ALCÂNTARA MACHADO, 1936, p.12). Durante a viagem que fez à França, Magalhães escreveria uma longa "Carta ao meu Amigo Dr. Cândido Borges Monteiro", datada do Havre, 1833 e publicada no fim do volume das *Poesias Avulsas* (1864). Esta carta contém detalhes minuciosos e as impressões da viagem por Gonçalves de Magalhães.

10 É importantíssima a contribuição de Gonçalves de Magalhães na formação do teatro nacional. É de sua autoria a primeira peça nacional encenada no Brasil, mais precisamente, no Teatro Constitucional Fluminense: a tragédia *Antonio José ou o Poeta e a Inquisição* estreou em 13 de março de 1838, tendo como protagonista o grande ator João Caetano. Em 7 de setembro de 1839, é representada, no Teatro S. Pedro de Alcântara uma nova tragédia de sua autoria, *Olgiato*. (Ver PRADO, D. de A. O drama romântico. São Paulo: Perspectiva, 1996).

qüentar um curso de Direito, desejo esse que só se realizaria em Paris, onde conquista o diploma de bacharel. Até a metade do século passado, não havia, no Rio de Janeiro, qualquer escola que oferecesse o estudo das ciências jurídicas e sociais, não obstante se pretendesse, em 1825, criar um Curso Jurídico, em virtude da carência de bacharéis para preencher os cargos da magistratura. Muito provavelmente, Torres Homem não teria como custear estudos nos cursos de Ciências Jurídicas e Sociais em São Paulo ou Olinda (fundados em 1827), as duas únicas cidades brasileiras que ofereciam tal possibilidade. Suas preferências acabam recaindo sobre outras atividades e, assim como Magalhães, viu-se frustrado nas suas ambições juvenis. No entanto, ambos acabaram se saindo bem nestas opções alternativas: Magalhães na poesia e Torres Homem no jornalismo político. "Desde o início de nossa imprensa partidária, que data de 1821, começaram os jornais e panfletos a servir de escada de ascensão às posições políticas. Exemplo típico da utilização desse meio de acesso à satisfação das ambições pessoais, fornece a carreira de Francisco de Sales Torres Homem. Filho de um padre negocista, briguento, afinal suspenso de ordens, Apolinário Torres Homem, e da mulata fôrra Maria Patrícia, quitandeira no largo do Rosário, alcunhada Você me Mata, chegou a ser médico, advogado, deputado em várias legislaturas, duas vezes ministro da fazenda, conselheiro de Estado, senador do Império e Visconde de Inhomirim, com honras de grandeza" (Vianna, 1960, p.254).

Comenta-se que foi um dos homens mais elegantes do Império: "sobrecasaca rigorosamente justa e abotoada, botina de verniz, luvas, gravatas de gosto com alfinetes adequados". Dizia ele que é "preciso não deixar os medíocres e tolos sequer essa superioridade: trajarem bem. As exterioridades têm inquestionável importância. A um tresloucado e criminoso é muitíssimo mais fácil dar logo cabo de qualquer maltrapilho, do que desrespeitar um homem revestido das insígnias de alta posição social. Conturba-o a certeza de que esse insulto será incontinente punido pelas leis e pelas autoridades" (apud Campos, 1954, p.19).

A ele, mais do que a Magalhães, que era "contrário às vaidades humanas", deveria interessar as aparências. Suas origens obscuras, aliadas ao fato de ser mulato fazem crer que sua infância e mocidade tenham se passado em meio a dificuldades materiais e preconceito. A glória e seus ornamentos serviriam para apagar da memória os tempos de penúria. Após a graduação em medicina, "para uma das cadeiras, criadas em recente reforma, pretendia prestar concurso, quando a amizade de outro mestiço famoso, Evaristo Ferreira da Veiga, definitivamente o desviou da medicina, encaminhando-o para a política" (Vianna, p.254). Conforme ainda Hélio Vianna (1945, p.368), o jornal *A Novidade Extraordinária*, do Rio de Janeiro, em 12 de outubro de 1835 publicou que Evaristo não era branco. O fato de Evaristo ser ou não mestiço não pôde ser confirmado em nenhuma das outras biografias consultadas; consta, no entanto, que a identidade entre eles pode ter tido origem na "condição de homens da cidade, de representantes da classe média, da burguesia que se formava com esforço numa sociedade predominantemente de senhores e escravos" (Souza, 1957, p.13, v.6).

Seu envolvimento com Evaristo da Veiga valeu-lhe o convite para engrossar as fileiras da Sociedade Defensora da Liberdade e da Independência do Brasil, criada no Rio em 10.5.1831, um dos tentáculos do Poder Moderador que resultou na criação de "Defensoras" por quase todas as províncias brasileiras. Em conseqüência, "jornais antigos reapareceram, como o Brasileiro e o Nacional, ambos moderados, surgiram novos como o Independente, dirigido por Sales Torres Homem e o Sete de Abril, das simpatias de Bernardo de Vasconcelos" (Souza, 1957, p.141, v.9).

O PINTOR

O grande amigo e êmulo de Gonçalves de Magalhães, Manuel José de Araújo,[11] nasceu em São José do Rio Pardo (RS)

---

11 Dos três libelistas da revista *Niterói*, Manuel de Araújo Porto alegre foi o mais privilegiado em termos de biografias. Sobre ele foram encontradas referências precisas e completas nas seguintes obras: LOBO, *Manuel de Araújo Porto alegre, Revista da Academia Brasileira de Letras*; ANTUNES, *O pintor do romantismo (Vida e obra de MAPa)*; e MACEDO, *Arquitetura no Brasil e Araújo Porto alegre*. Dados esparsos sobre a sua vida foram levantados em

no dia 29 de novembro de 1806. A família materna, muito embora "tenha deixado bens de raiz", conforme informação do historiador Paulo Xavier, parece ter tido uma vida cercada de muitas dificuldades. Aos 16 anos muda-se para Porto Alegre a fim de completar sua formação através das aulas tomadas de latim, filosofia, geografia e álgebra. Sobrevivia do salário recebido como ourives na oficina de M. Gondret que também lhe ensinava francês. Foi na casa deste seu mestre de ofício e da língua que lhe seria extremamente útil num futuro próximo, que Manuel José de Araújo tem seu primeiro contato com a pintura. Aí conheceu o jovem Francisco Ângelo Ther que havia estudado artes plásticas na França. O contato estimulou-o a aventurar-se no desenho e na pintura, fazendo progressos tais que "Gondret aconselhou-o a dedicar-se inteiramente à arte".

Foi, ainda em Porto Alegre, que conheceu o quadro de Jean Baptiste Debret representando o desembarque da Imperatriz Leopoldina e "desde então concebeu a idéia de estudar com ele no Rio de Janeiro". A idéia não foi bem recebida pela mãe viúva que tinha em Manuel seu único filho.

Nos últimos tempos que passou em Porto Alegre, um episódio foi particularmente importante e decisivo para a sua partida:

> o jovem Manoel de Araújo vivia sua juventude pintando retratos, desenhando os mais diversos motivos e fazendo teatro na companhia de alguns amigos. Como todo grupo de jovens a vida das moças é tema para brincadeiras e chacotas, algumas impiedosas e de real mau gosto. Havia uma filha do capitão-mor João Tomás Coelho, que ganhou o primeiro lugar no concurso promovido para apurar a moça mais feia da cidade. Por ter Manoel de Araújo se destacado na brincadeira ou por ser o mais entusiasmado, o capitão-mor não o perdoou, e, quando no fim do ano de 1826 o brigadeiro Salvador José Maciel é nomeado presidente da Província, ele é incluído no rigoroso recrutamento da guerra da Cisplatina e vai sentar praça no Regimento de Dragões do Rio Pardo. Tudo faz crer que Manoel de Araújo nesta época era tanto alienado das coisas que se passavam na Corte, pouco ligado aos sucessos do Governo, à polí-

---

DEBRET, *Viagem pitoresca e histórica ao Brasil*; WOLF, F., *Histoire de la litterature brésiliénne*, BLAKE, *Dicionário bibliográfico brasileiro*; e MENEZES, *Dicionário literário brasileiro*, v.5.

tica brasileira e à consolidação da Independência. Aproxima-se porém o dia em que seria reconhecido cadete e temia que depois a sua volta à vida civil fosse dificultada. Mas uma circunstância especial o aproxima de João de Castro do Canto e Mello, irmão de Domitila de Castro, Marquesa de Santos, a favorita do Imperador. É que a mulher de João de C. C. e Mello, 2º Visconde de Castro, a porto-alegrense Inocência Lame Vieira de Azambuja, fora recentemente pintada por ele e, além disto, a família relacionada com os Corrêa Câmara através de Flora Corrêa da Câmara, segunda mulher de seu tio-avô José Antonio de Figueiredo Lima. Graças a este relacionamento e àquela circunstância, o presidente Salvador José Maciel, no dia em que Manoel de Araújo seria reconhecido cadete, é visitado por João de C. do C. e Mello e 'com a maior submissão, protestando inocência' promove a baixa do jovem pintor de retratos. Não se sabe precisamente o dia em que isto ocorreu no ano de 1826 mas, por certo, foi um dia de festa. Festa também para a mãe que afinal concorda com a viagem do filho para o Rio, onde ficaria melhor estudando, que na guerra Cisplatina, lutando. (Macedo, 1984, p.27)

Um pouco antes de partir para o Rio de Janeiro, em 14.1.1827, é que começa a assinar com o "topônimo Porto alegre, com 'a' minúsculo" (Idem, p.30).

Segundo consta, Manuel de Araújo Porto alegre acreditava haver conseguido a baixa do Batalhão dos Dragões do Rio Pardo mais por sua produção artística do que pelas vinculações familiares. No entanto, Manuel de Araújo Porto alegre (MAPa) parecia ter uma família que, mesmo sem dinheiro, possuía alguma influência. Sua sorte, ao menos até esse momento, era um pouco melhor do que a de seus futuros companheiros. Recomendações não faltaram para que tivesse boa acolhida na capital do Império, primeiro pelo senador Antonio Vieira de Soledade, depois pelo bispo José Caetano.[12] "Este prelado, de vasto círculo de amizades entre a intelectualidade da Corte, proporcionou-lhe o meio adequado para situar-se em esferas mais amplas da sociedade carioca" (Ibidem).

---

12 José Caetano da Silva Coutinho era português e, já como bispo, acompanhou a família real portuguesa ao Brasil em 1808. Na Constituinte de 1823 teve ativo papel na luta parlamentar pela liberdade e autonomia da consciência nacional. (Consultar a respeito SOUZA, 1957, v.2, p.90 e 296; v.3, p.490, 493, 504, 693-4; v.8, p.81; v.9, p.145, 227).

Já no dia 27 de janeiro de 1827 começaria o curso com Debret, na Academia Imperial de Belas Artes, onde aprimoraria seus conhecimentos de pintura histórica com o mestre que veio ao Brasil como membro da Missão Artística Francesa em 1816.

Em 1827, Magalhães compõe os seus versos mais antigos de que se tem notícias – "Epístola a Marília" que, segundo Alcântara Machado, era "sub-produto evidente do sub-arcadismo reinante". Não importava a qualidade da poesia; poetar era privilégio de todos quantos sabiam ler e escrever. Formou-se, assim, uma "rodinha literária" em torno de Magalhães, da qual participaram Torres Homem, Antonio Felix Martins, e Manuel de Araújo Porto alegre a eles se juntara. Muito provavelmente foi este quem apresentou Debret ao grupo, deixando Magalhães a tal ponto entusiasmado que viria a tornar-se colega daquele na Academia Imperial de Belas Artes. Desse grupo se conhece o fato de que adotavam nomes árcades: Magalhães foi Osmindo, Porto alegre, Elmano e Antonio Felix Martins, Notânio (Alcântara Machado, 1936, p.12). Este aspecto de sua formação poética indica que, ao menos até esse momento, ainda era tênue a crítica que desferiam, principalmente Magalhães, contra as formas literárias impostas pelo colonialismo português. Ainda não havia nesta crítica, que se pode definir de transição, uma identificação direta entre colônia e formas neoclássicas, que se põem a combater na *Niterói*.

Desde o seu desembarque no Rio de Janeiro, em 1827, Manuel de Araújo Porto alegre vinha freqüentando a Sociedade de Beneficência Musical, fundada por Francisco Manuel da Silva. A música foi um dos interesses despertos nele e, muito provavelmente, esse interesse aumenta após conhecer, naquela Sociedade e já nos seus últimos dias de vida, o Pe. José Maurício Nunes Garcia,[13]

---

13 José Maurício Nunes Garcia (RJ, 1767-1830), de origem humilde e mulato, teve iniciação musical ainda quando criança, mas, segundo Correia de Azevedo, foi um autodidata. Em 1808 é nomeado por D. João VI inspetor de música da Capela Real e, mais tarde, pregador régio, onde compôs cerca de 200 obras, além das que escrevera para várias irmandades e outras igrejas. Compôs também algumas poucas obras profanas. Foi reconhecido internacionalmente por, entre outros, o organista e compositor austríaco, discípulo de Haydn, Segismund Neukomn, de Salzburg, que veio ao Brasil acompanhando a Missão Artística. (Ver a respeito AZEVEDO, 1971, p.455).

de quem Francisco Manuel era discípulo. A reunião desses elementos o levou a, pelo menos em duas ocasiões, escrever sobre a música brasileira: a primeira quando publicou o artigo "Idéias sobre a Música", na revista *Niterói*, n.1, p.160 e a segunda, quando publicou o ensaio "Iconografia Brasileira. Apontamento sobre a vida do Pe. José Maurício Nunes Garcia", na *Revista do Instituto Histórico e Geográfico Brasileiro*, tomo XIX, p.349-59.

Além disso, passa a freqüentar, desde 1828, as aulas de anatomia do Dr. Cláudio Luís da Costa, para aperfeiçoar suas técnicas na pintura. Simultaneamente, freqüenta a Escola Militar, instituição criada por D. João VI em 1810, onde procura absorver conhecimentos de engenharia e arquitetura, que lhe serão muito úteis mais tarde, quando exerce atividades como arquiteto.

IMPETUOSIDADE ACANHADA

De toda essa trajetória, calçada em alta cultura e testemunho político, observa-se que a reflexão intelectual foi por eles conquistada a duras penas. Nenhum dos três portava riquezas de família e, para darem continuidade aos estudos, não puderam prescindir do benefício do mecenato e do emprego público, duas dimensões que lhes possibilitou a sobrevivência dos primeiros anos e, depois de alcançada a glória, ascender na hierarquia social e política do Império.

Nem Magalhães, nem Porto alegre, nem Torres Homem tiveram origem social em famílias abastadas, tradicionais, oriundas da aristocracia agrária, da qual foram, ao menos durante a juventude, opositores eloqüentes. Frutos de uma urbanidade que, pouco a pouco, deixava de ser incipiente, cenário de incontáveis agitos políticos e culturais, muito provavelmente herdaram lastros da crescente burocracia do Estado e beneficiaram-se de uma relativa abertura dos instrumentos de educação escolar que teve início ainda no período joanino, chegando ao auge e decadência no Segundo Império. Enquadrados na formação clássica, herdada da educação colonial, foram bastante diversas as suas inclinações intelectuais, o que talvez explique o talento, o versejamento e o espírito eclético que caracterizou tanto a revista *Niterói* como a eles próprios.

Apesar de clássica, sua formação esteve inscrita já na idéia e na prática de uma educação mais liberal, relacionada à proposta de preparação profissional: à formação de militares, advogados, engenheiros e médicos. De tributária da religião, dotada de caráter eminentemente contemplativo, a instrução assume também papel prevalecente sobre a formação de profissões liberais. Registra-se, porém, que até a segunda metade do século XIX, o sistema educacional não consegue despojar-se de seu conteúdo escolástico, o que, de alguma forma, acabou minando toda "manifestação rebelde" da revista *Niterói*.[14]

Tudo leva a crer que a sua rebeldia se manifesta como atributo da representação de uma parcela da pequena burguesia emergente marcada pelas oportunidades acadêmicas e, sobretudo, da formação marcada pelas influências intelectuais e políticas do Rio e de Paris.

Entre a pequena burguesia urbana parece emergir uma rebeldia, uma criticidade mais ou menos contundente em relação à sociedade brasileira da época. Opunham-se à aristocracia agrária e abraçavam idéias favoráveis tanto à abolição do tráfico de escravos como à nacionalização do comércio. Mas, diferenças dis-

---

14 Até a reforma pombalina, cuja medida mais drástica foi a expulsão dos padres da Companhia de Jesus em 1759, a herança escolástica, a cultura clássica, sobretudo de retórica e da gramática latinas, transmitidas para várias gerações das elites brasileiras, jamais sofreram qualquer abalo. O grego só muito mais tarde seria incluído na instrução escolar da colônia pelos padres de São Francisco. Segundo Gilberto Freyre, a educação se adquiria estudando "os autores latinos – lendo Quintiliano, recitando Horácio, decorando as orações de Cícero. Lógica e filosofia, também: eram ainda os discursos de Cícero que constituíam os elementos principais de estudo. A filosofia era a dos oradores e a dos padres. Muita palavra, e o tom sempre o dos apologetas que corrompe a dignidade da análise e compromete a honestidade da crítica. Daí a tendência para a oratória que ficou no brasileiro, perturbando-o tanto no esforço de pensar como no de analisar as coisas. Mesmo ocupando-se de assuntos que peçam a maior severidade verbal, a precisão de preferência ao efeito literário, o tom de conversa em vez do de discurso, a maior pureza possível de objetividade, o brasileiro insensivelmente levanta a voz e arredonda a frase. Efeito de muito latim de frade; de muita retórica de padre" (*Sobrados e mocambos*, 1936, p.269).

tinguiam os elementos remanescentes dessa difusa origem social formada, à sombra do poder liberal-escravista, de lojistas, artesãos, soldados, profissionais liberais e funcionários públicos. Parte deles adere ou simplesmente apóia, em todo o país, as causas dos movimentos insurrecionais, entre as quais a luta pela reforma agrária. Reforçava essa fração brasileira dos *sans-culottes*, como os denominou Emília Viotti da Costa, uma pequena burguesia insurrecta que, aproveitando-se do período entre o fim do regime das sesmarias (1822) e a regulamentação da Lei de Terras (1850), constituiria uma crescente categoria de trabalho no campo: a dos posseiros. Essa categoria poria em risco a estrutura fundiária montada durante a colonização, principalmente porque confrontava os interesses do latifúndio na arregimentação de mão-de-obra para a lavoura.

Outros, como é o caso dos redatores da *Niterói*, além do acesso à cultura ilustrada dos meios cariocas e da prática política de bastidor, se incluem entre a pequena burguesia radicalmente avessa aos levantes armados – na medida em que ameaçavam a manutenção da unidade nacional –, abstendo-se do confronto com a propriedade fundiária e limitando-se a defender medidas de modernização racional da produção agrícola.

Tais diferenças expõem o fato de que a pequena burguesia não formava um bloco homogêneo; além disso, são o resultado da ambientação política e cultural na qual convivem essas camadas médias e, mais, dos interesses econômicos que defendiam.

A ambientação carioca possui características singulares em relação ao restante do país e sua influência sobre a revista *Niterói* está para além da estampa; essas características estão impregnadas ao conteúdo ideológico nela construído. Em outras palavras, ao denominarem *Niterói* a revista que compõem em Paris, é possível que seus editores tenham considerado os seguintes aspectos: 1. o nome simbolizava grandezas das raízes mais tradicionais brasileiras;[15] 2. apesar de estranho para europeus, e mesmo para

---

15 No poema "A Confederação dos Tamoios", Gonçalves de Magalhães retoma o tema e a homenagem à baía de Niterói no seguinte verso: "Niterói! Niterói! como és formoso/Eu me glorio de dever-te o berço/montanhas, várzeas, la-

portugueses, o nome era sugestivo e estimulante à visão exótica e paradisíaca que, principalmente na França, se tinha dos países tropicais; 3. por meio das suas propostas de renovação material e espiritual, o nome teria o significado de um redescobrimento do país, na medida em que dele extraiu-se uma força ativa para compor uma imagem, uma imagem do Brasil civilizado, ocidentalizado; 4. o nome homenageava o Rio de Janeiro, cidade responsável pela educação e formação de seus editores; cidade que lhes proporcionou a oportunidade de conviver com algumas das personalidades mais expressivas da época; cidade, a única do Brasil, capaz de transformar em realidade suas pretensões e idéias pacifistas que, muito embora formuladas a distância, não deixaram de envolver-se pelo espírito emanado da capital, porta da civilização no Brasil.[16]

O Rio de Janeiro, portanto, se coloca como ponto vital para a compreensão da imagem que pretendiam construir do Brasil. No entanto, essa imagem se projeta num ambiente que não refletia o Brasil como um todo e, sim, um ambiente singular, planejado para ser vitrine de um país composto pela sua antítese.

---

gos, mares, ilhas/Prolífica natura, céu ridente/Léguas e léguas de prodígios tantos/Num todo tão harmônio e sublime/Onde os olhos o verão longe deste Éden? ... Não és belo assim cerúleo golfo/Golfo de Nápoles... Meu pátrio Niterói te excede em galas/Na grandeza sem par muito te excede!" ("Confederação dos Tamoios", canto VI, poema composto no Rio de Janeiro e impresso pela Tipografia Paula Brito no ano de 1856). Vale lembrar que este poema foi alvo de severas críticas por José de Alencar que vinha se afirmando no cenário literário brasileiro. O jovem crítico publicou, então, "Cartas sobre A Confederação dos Tamoios", no mesmo ano de 1856, mas a favor de Magalhães intervieram o Imperador D. Pedro II e seus amigos Araújo Porto alegre e Norberto Silva do Instituto Histórico e Geográfico Brasileiro. Consultar a respeito, ROMERO, 1943.

16   Consultar, ao final deste livro, o adendo "O sentido etimológico e variações da palavra Niterói".

Fotografia tirada em Carlsbad, 1862, vendo-se Gonçalves Dias, Araújo Porto alegre e Domingos Magalhães. (ANTUNES, 1943).

Francisco de Sales Torres Homem, numa caricatura de Henrique Fleuiss em *A Semana Ilustrada*. (MAGALHÃES JÚNIOR, 1956).

3 VITRINE DO BRASIL

"O Rio de Janeiro, capital do
Império, cheio da melhor
sociedade brasileira, e onde os
melhores talentos de Minas Gerais,
e outras Províncias, vêm exercitar
sua arte, está fora dos limites das
Províncias indicadas."
Manuel de Araújo Porto alegre

A ambientação carioca, avessa às rupturas radicais, deu a
Magalhães, Porto alegre e Torres Homem suas primeiras lições
de civismo. Foi na cidade do Rio de Janeiro, olhando o Brasil a
partir de si mesma, que eles deram formato às suas mais tenras
idéias. Com a visão deslumbrada pelo magnetismo civilizatório,
circunscrito às fronteiras da capital – neutra e desenvolvida,
anteviram as potencialidades de um mundo novo, promissor, moderno; um mundo predisposto a renovar-se independentemente
das condições adversas pelo atraso, pelo isolacionismo, pela mentalidade colonial e escravocrata emitidas pela quase totalidade
do país.

Dessa sociedade degenerada pretenderam liberar "princípios ativos" de originalidade, de autonomia ante a cultura portuguesa, a qual reputavam a nossa desqualificação. Esses "princípios

ativos" resultaram num idealismo fortemente impregnado de "cosmopolitismo" carioca, de um arejamento, em alguns aspectos, fictício, que muito provavelmente os levou a não perceberem as reais predisposições do Brasil para a civilização moderna. Dessa forma, uma configuração do Rio de Janeiro é essencial ao entendimento do conteúdo da revista *Niterói*.

Seus laços de amizade se estreitaram antes da viagem para a Europa; conheceram-se e conviveram no mesmo ambiente cultural, social e literário do Rio de Janeiro que, apesar de intenso e agitado, era pouco numeroso. Por afinidades de gosto e de origem social, atraíam-nos as mesmas idéias, os mesmos locais, os mesmos homens que, neles, sentiram uma promessa, uma esperança de renovação intelectual e realização das aspirações liberais. Tudo indica, porém, que o pleno desfrute das idéias e hábitos estrangeiros, adquiridos nos seminários, academias, salões e livrarias que freqüentaram, tenha forjado neles uma consciência arrevesada da realidade brasileira. E, muito provavelmente, a Europa veio reforçar esse olhar elitizado, marcado por uma estética que não refletia o Brasil real, mas tão-somente a assepsia e a neutralidade promovidas no município do Rio de Janeiro. A aura de proteção que envolveu a cidade que os instruiu acabou por atingir os princípios reguladores da revista *Niterói*. Seu título, sua forma e seu conteúdo parecem dirigir-se ao público, que tanto quanto seus três editores, aí temperava trópico com civilização.

LIBERDADE FRUSTRADA

Durante o predomínio do ouro, o Rio de Janeiro funcionou como entreposto para as mercadorias que desembarcavam no porto e depois seguiam para as Minas Gerais. Era aí que os artigos importados – e outros mais contrabandeados de navios ingleses e franceses – seriam consumidos em razão da elevação do poder aquisitivo da região.

Outros fatores garantiriam a ascensão do Rio de Janeiro entre os Estados brasileiros que também se desenvolviam ao longo dos séculos XVII e XVIII. A situação geográfica era privilegiada e as administrações destemidas diante de governadores gerais, ouvidores e autoridades religiosas marcaram posição firme quanto às suas convicções e defesa dos direitos essenciais.[1] Em 1645, a Casa da Moeda seria transferida de Salvador para o Rio; em 1676, é criado o Bispado do Rio de Janeiro e em 1752 é aí que se instala um Tribunal de Relação. A reunião desses e demais fatores favorecem a escolha da localidade para servir de sede do Governo do Estado do Brasil que, a partir de 27 de junho de 1763, substitui o centro administrativo de Salvador.

No ano de 1779, a população urbana compunha-se de 33.312 pessoas, enquanto o campo era habitado por 13.199. Já, em 1808, a soma total acusava entre 60 mil e 80 mil habitantes. Até esse momento, a ausência de estrutura básica atraía poucos estrangeiros para o Rio de Janeiro, mas a população escrava era mais do que a metade da população total. O crescimento populacional desse período, muito provavelmente se deve à intensificação, para fins de exportação, da produção de café instalada "na região montanhosa próxima da capital do país".[2]

---

1 Segundo Emília Viotti da Costa, o "sistema colonial do Brasil contribuiu para o desenvolvimento de uma economia essencialmente agrária na qual os núcleos urbanos tiveram escasso significado, com exceção dos portos onde se concentrava a maioria das funções urbanas". Em função disso, os "fazendeiros estabeleceram suas moradias no campo, vivendo nos latifúndios e estendendo seu poder às zonas rurais e urbanas vizinhas ... As áreas urbanas funcionarão assim freqüentemente como extensão do domínio do grande proprietário rural". Isso explica o destemor dos conselhos municipais ante a fragilidade e a ausência de autonomia da burocracia real, "tendo-se em conta seu caráter essencialmente fiscal e fiscalizador. Coletar impostos, garantir o respeito aos monopólios e privilégios, defender a terra contra os ataques de estrangeiros, manter a ordem interna, eram suas principais funções. Sendo a economia essencialmente de exportação e importação, os portos constituíam o lugar ideal para a arrecadação de impostos e o exercício da fiscalização. Era também no litoral que se exerciam as demais funções urbanas. Na manutenção da ordem interna a burocracia real contava com a ajuda dos grandes proprietários, que mantinham suas milícias particulares. Nas zonas do interior a função burocrática perdia parte do seu significado. Os conselhos municipais seriam dominados pelo grande proprietário rural" (1979, p.182).
2 "O café, se bem que fora introduzido no Brasil desde começos do século XVIII e se cultivasse por todas as partes para fins de consumo local, assume importância comercial no fim desse século, quando ocorre a alta dos preços causada pela desorganização do grande produtor que era a colônia francesa do Haiti. No primeiro decênio da Independência o café já contri-

50 MARIA ORLANDA PINASSI

Ao lado da produção de açúcar[3] e, em menor escala, de algodão,[4] o desenvolvimento da economia cafeeira, muito embora promova um enriquecimento da região, acaba agravando o problema relativo à mão-de-obra. D. João VI, já no Brasil, procura atenuar a questão promovendo a experiência inédita de formar núcleos coloniais de povoamento, atraindo imigrantes europeus. A medida significou o rompimento com as restrições de permanência de estrangeiros no território brasileiro, vigentes durante todo o período colonial. Também representou o reconhecimento de que o país precisava, com urgência, ser povoado de homens livres.

De uma maneira geral, a iniciativa do Regente resultou em fracasso. Segundo Viotti da Costa, as razões para o insucesso da empreitada foram "as resistências encontradas nos países europeus, sobretudo nórdicos, às idéias de emigração para o Brasil. A população dessas regiões onde a pressão para imigração atuava mais fortemente, era canalizada para os Estados Unidos. A organização democrática das colônias americanas do Norte, o progresso econômico dessa região, a rede de transporte que aí se instalava precocemente, o clima de liberdade religiosa, a relativa semelhança da paisagem americana com a européia, ambas dentro da mesma área de clima temperado, a maior proximidade da Europa, o que significava passagens mais baratas, tudo contribuía para dar aos Estados Unidos uma primazia absoluta entre

---

buía com 18% do valor das exportações do Brasil, colocando-se em terceiro lugar depois do açúcar e do algodão. E nos dois decênios seguintes já passa para primeiro lugar, representando mais de 40% do valor das exportações" (FURTADO, 1979, p.113).

3 "Dentre os importantes engenhos que houve nas cercanias do Rio de Janeiro, tornou-se assinalado o Engenho da Rainha, montado em 1810, no lugar denominado Freguesia, em Inhaúma. Em 1835 existiam oito engenhos de açúcar e aguardente em Jacarepaguá ... E na Província do Rio de Janeiro, eles não faltavam em Campos, Cabo Frio e Ilha Grande" (RIOS, 1946, p.276).

4 "O algodão dava, em pequena quantidade, nos arredores do Rio de Janeiro. Para suprir a falta que do mesmo havia, recebia-se algodão de Minas Gerais e do Maranhão. Relembre-se que o algodão brasileiro começou a ser exportado na primeira metade do século XVI" (Ibidem).

os países americanos. Para lá se dirigia espontaneamente a corrente imigratória. Nada que se lhe comparasse oferecia o Brasil. Terra ignota, sobre a qual corriam lendas as mais extraordinárias; terra distante, agreste, coberta de matas tropicais indevassáveis, onde, sob um clima que se dizia causticante e incompatível com o homem branco, grassavam as epidemias, o Brasil não oferecia condições atraentes para os emigrantes. País escravocrata, onde a religião católica pela Constituição era declarada religião do Estado, com uma economia subdesenvolvida, tipicamente rural, apoiada na agricultura tipo tropical, em que prevalecia a propriedade fundiária, falta de via de comunicação e meios de transporte, o Império Brasileiro revelava-se ao emigrante um país de escassas possibilidades. Daí todas as dificuldades encontradas quando se pretendeu promover uma colonização sob proteção estatal" (1979, p.150).

A cultura do café, tanto quanto a da cana-de-açúcar, revelavam necessitar de trabalhos árduos, realizados por uma grande quantidade de mão-de-obra não especializada, ocupada durante o ano todo em tarefas as mais diversificadas. A realidade brasileira parecia não oferecer condições para que esse trabalho fosse realizado por mão-de-obra livre.[5]

Disso decorre o privilegiamento do trabalho escravo, intensificando-se o tráfico interno de negros que partiam das regiões algodoeiras decadentes, principalmente do Maranhão. Em menor escala, as próprias regiões açucareiras, que também perdiam mercados para o café, puseram à venda parte da mão-de-obra que se encontrava em condições de ser liberada. Um outro paradoxo se instala na composição regional brasileira. Contrariando as pressões que a Inglaterra exercia para que o tráfico fosse abolido, ele recrudesce e assume características ainda mais brutais justamente

---

5 Essa falta de condição parecia estrutural à sociedade brasileira na medida em que o trabalho livre era anomalia, e a mentalidade do fazendeiro no Brasil era patriarcal e escravista. Viotti da Costa registra que um "velho proprietário, cuja divisa de nobreza desde a juventude foi 'sova' e 'tronco' não pode tolerar o trabalho livre, pode no máximo inventar 'um estropiado sistema de parceria" (p.172).

na região privilegiada pela modernização.[6] Tais fatores são exemplares para demonstrar o paradoxo que se instala entre as dificuldades práticas de se promover a modernização das relações de trabalho no Brasil e a propaganda e teorias elaboradas na Europa, que afirmavam o Brasil como país exuberante, exótico, selvagem e, por isso mesmo, belo.

Aliás, as teorias do exotismo, tão em voga desde Rousseau, enalteciam a natureza exuberante dos trópicos e, a partir do início do século XIX, com as lutas pela independência das antigas colônias, convertem-se nas possibilidades palpáveis de vinculação do Novo ao Velho Mundo. Em geral, eram teorias de reação aos rumos tomados pela sociedade burguesa; pela mercantilização da vida, pela aceleração do tempo moderno, pela anulação do indivíduo subsumido à condição de ser genérico para o capital. Essa via de acesso à civilização tem, por princípio, conteúdo de diferenciação e, como se verá mais adiante, o tema é tratado pela jovem intelectualidade da *Niterói*, mas para fundamentalmente enaltecer as particularidades históricas do Brasil, entre elas a natureza e para afirmar sua aptidão com o intuito de assimilar a civilização burguesa.

Entretanto, o privilegiamento do exotismo, tendo conteúdo crítico ou apologético do capital, significou, ideologicamente, uma linha divisória entre o mundo civilizado e o não civilizado. É por meio dessa marca que a intelectualidade da ex-colônia é bem recebida em alguns círculos da Europa e determina a forma de inserção – pura, virgem, primitiva, lúdica, inferior – do Novo ao Velho Mundo. Há, portanto, nas teorias sobre o exótico, um sentido ambíguo e perverso, pouco percebido à época da publicação da *Niterói*. E a sua incorporação pela revista resulta nas particularidades enaltecidas pela ambientação natural, pela conformação do índio no elemento tradicional brasileiro, pela "cor local", pelo "gênio nacional", pelos "princípios ativos" da socie-

---

6 Conforme Celso Furtado, "é provável que a redução do abastecimento de africanos e a elevação do preço destes hajam provocado uma intensificação na utilização da mão-de-obra e, portanto, um desgaste ainda maior da população escrava" (1979, p.119).

TRÊS DEVOTOS, UMA FÉ, NENHUM MILAGRE   53

dade movida por "instintos ocultos" de conteúdo geralmente abstrato. Porém, mais do que o fascínio que exerceram no âmbito da filosofia e da imaginação poética, configuram-se em forças repulsivas ao mais comum dos homens europeus, aqueles de quem o Brasil realmente precisava para modernizar-se: o trabalhador livre e assalariado. Mergulhado no esgotamento das chances de sobrevivência em seu continente, esse trabalhador buscava um destino melhor no Novo Mundo, preferindo, contudo, as oportunidades oferecidas pelos EUA, para continuar no universo das relações burguesas e não para evadir-se delas. O resultado prático dessas afirmações particulares da identidade nacional na propaganda liricamente adversa do Brasil na Europa foi repelir o trabalhador europeu e reforçar a necessidade da escravidão, da mão-de-obra pilhada em oposição à "espontaneidade" do trabalho livre.

A natureza dessa contradição entre o que é e o que aparenta ser funcionou como um "tiro pela culatra", pois que redatores e colaboradores da revista *Niterói*, enredados por ela, não poderiam ainda transpor o terreno da mais pura ideologia.

A EUROPA NOS TRÓPICOS

A chegada de D. João VI e sua comitiva ao Rio de Janeiro provocou um grande rebuliço na relativa tranqüilidade que reinava na vida da cidade. Moradores são desalojados para abrigar os portugueses e a máquina administrativa do Império; decretos, leis se outorgam sucessivamente para estruturar a política, a economia, a cultura, a nova sociedade que se vislumbrava ao menos na capital do Reino do Estado do Brasil.[7]

---

7   No seu livro *O Brasil anedótico*, Humberto de Campos comenta uma passagem pitoresca sobre a instalação dos portugueses intitulada "A lei das aposentadorias": "Chegada ao Rio de Janeiro em 1808 a família real portuguesa com todo seu séquito de fidalgos e fâmulos, foi posta em execução a chamada lei das aposentadorias, a qual obrigava os proprietários e inquilinos a mudarem-se, cedendo as casas para residência dos criados e servidores d'el-rei. Bastava que o fidalgo desejasse uma casa, para que o juiz aposentador

54 MARIA ORLANDA PINASSI

A presença da Corte fez do Rio de Janeiro não só a capital administrativa, centro das decisões políticas e legislativas, mas também o núcleo de onde irradiavam novas formas de comportamento, de hábitos, de costumes, novas idéias, novas maneiras de morar e conviver.

O contraste entre a paisagem exuberante e as calçadas sujas e vielas fedorentas compunha o cenário da cidade encontrada pela Corte portuguesa em 1808, muito embora, desde o último quartel do século XVIII, esforços tenham sido empregados para melhorar o aspecto da área urbana.

Entre 1808 e 1821, as administrações contribuíram com mudanças significativas na cidade: aterraram mangues alagadiços, alargaram ruas e calçaram-nas de pedras regulares, abriram canais de drenagem, construíram pontes, uniformizaram a iluminação pública, levaram água encanada para os chafarizes, reformaram o antigo Campo de Santana, construíram o Teatro São João (hoje, Teatro João Caetano). O trabalho mais notável se realizou na limpeza pública. Promoveu-se o saneamento e a modernização do centro formado de ruas estreitas e becos infectos e de construções antigas e sem preservação.[8] Os proprietários e inquilinos das casas ficaram proibidos de lançar águas pluviais nas calçadas e, para isso, receberam calhas e condutores quando não foram substituídos por platibandas decorativas. A modernização vinha ao encontro dos interesses comerciais da Inglaterra que estava

---

intimasse o morador por intermédio do meirinho, que se desempenhava do seu mandato escrevendo sumariamente na porta, a giz, as letras P. R. Estas significavam – 'Príncipe Regente' – ou, como interpretava o povo, 'ponha-se na rua'. Era Agostinho Petra de Bittencourt juiz aposentador quando, um dia, lhe apareceu um fidalgote, requerendo aposentadoria em uma excelente casa, apesar de já ter uma. Dias depois veio pedir-lhe mobília e, finalmente, escravos. Ao receber o terceiro pedido, Agostinho Petra que acompanhava a indignação do povo com tantos abusos da Corte, gritou para a esposa, no interior da casa: – 'Prepare-se D. Joaquina que pouco tempo podemos viver juntos'. E indicando, para a mulher, que acorrera, o fidalgote insaciável: – 'Este senhor já duas vezes me pediu casa, depois mobília, e agora, criado. Brevemente quererá, também, mulher e como eu não tenho outra a não ser a senhora, ver-me-ei forçado a servi-lo" (1954, p.214).

8 Toda a parte velha da cidade parece ter desagradado aos fidalgos recém-chegados.

apta a fornecer, com exclusividade, uma grande variedade de materiais de construção. Só não eram inglesas as peças decorativas, como as estátuas, os vasos, as pinhas que importavam de Portugal.[9]

Desde 1800, indícios apontavam para uma tendência em adotar-se o estilo neoclássico, mais adequado que o barroco – predominante em todo o período colonial – para saudar os novos tempos marcados pelos "ideais democráticos da Revolução Francesa e ao mesmo tempo configurava-se como a imagem de um novo Brasil".[10]

A MISSÃO FRANCESA

À empresa de criar uma cultura artística, de mudar o estilo arquitetônico, assim como o de embelezar e higienizar os costumes urbanos foi bastante significativa a contribuição dada pelos membros que compuseram a Missão Francesa de 1816. Parecem obscuras as circunstâncias que deram origem ao grupo. De maneira geral, a bibliografia conta que a iniciativa de formá-la deveu-se ao marquês de Marialva que nisso teria sido aconselhado por Humboldt. Depois de obter consentimento do Conde da Barca, ministro dos Assuntos Estrangeiros de D. João VI, o marquês teria entrado em contato com Joachim de Lebreton, membro da Classe de Belas Artes do Instituto de França (fundado em 1795). Recebeu dele a idéia de formar a Missão Artística com o objetivo de projetar e acompanhar obras arquitetônicas, paisagísticas na Corte, além de dar novos rumos às artes plásticas.

---

9 O ordenamento deveria ser seguido à risca não só pelo Rio de Janeiro, mas por todos os principais centros urbanos do país.

10 Conforme o Prof. Mário Barata da Escola Nacional de Belas Artes do Rio de Janeiro, "essa mudança será marcante na cidade do Rio de Janeiro, mas não houve no século passado, como aliás, no atual, homogeneidade de realizações arquiteturais. De 1816 a 1840, nem tudo foi neoclássico. Nessa mesma época, ainda se construíam igrejas barrocas em Ouro Preto e na Bahia, casas grandes do mesmo estilo do Nordeste ou no interior e sobrados, com pequenas modificações no Rio e no Recife" (1976, p.416).

Em 1816, desembarcavam no porto do Rio de Janeiro, Lebreton, crítico de arte e chefe da Missão; Nicolas Antoine Taunay, pintor paisagista; Jean Baptiste Debret, pintor histórico; Grandjean de Montigny, arquiteto; Auguste Henri Taunay, escultor; Charles Pradier, gravador em talho-doce; François Ovide, professor de mecânica; Segismund Neukomn, compositor e organista. Vieram, ainda, acompanhados de artífices e ajudantes; o comerciante Pierre Dillon teve a função de secretariar Lebreton.

É importante destacar que boa parte dos franceses, membros da Missão Artística, encontrava-se numa situação bastante delicada com a ascensão dos Bourbons. Por seu envolvimento político com a Revolução sofriam perseguições, como se depreende das palavras: "Nicolau Taunay, além de perder grande parte da fortuna pessoal da mulher e de suas economias, era bonapartista ardente, como, aliás, seu irmão Augusto ... Debret vira morrer-lhe o filho único e queria viajar para distrair-se. Grandjean de Montigny, outro bonapartista fervente, perdera o emprego de arquiteto de Jerônimo Bonaparte, rei da Westphalia. Neukomn, este era o 'judeu errante da música', e queria ver o mundo. Quanto a Lebreton, não nos esqueçamos de que, havendo insultado os ingleses, numa sessão solene do Instituto de França, após Waterloo, perdera os empregos e passara a ser persona ingratíssima aos Bourbons, recém-entronizados em França. Precisava expatriar-se, pois não tinha meios de subsistência, senão os proventos das colocações oficiais" (Taunay, 1956, p.16).

Durante todo o período que durou a organização da Missão, foram feitas represálias contra alguns de seus membros por autoridades francesas fiéis à Restauração: "Já nesta época rompera Maler [agente diplomático francês no Rio] hostilidades violentas contra a possível nomeação, para um cargo, desse antigo republicano energúmeno, servidor fidelíssimo de Napoleão I e correligionário daqueles que haviam forçado Sua Majestade Fidelíssima a embarcar para a América. E, depois, que significava tal favor do governo português a um francês, rebelde ao seu rei e, justamente, havia tão pouco, demitido de seus cargos públicos? Verdadeira e inexplicável afronta feita ao governo de um primo de Sua Majestade! E para servir a quem? a um sectário do usurpador corso!" (Idem, p.22) .

À parte as razões políticas[11] que motivaram a vinda dos artistas franceses para o Brasil, é preciso considerar que a composição diversificada da Missão Artística se explica na intenção de D. João de criar, como, aliás, foi criada, em 13.8.1816, a Escola Real das Ciências, Artes e Ofícios. Durou dez anos, de 1816 a 1826, a complicada construção do prédio da Escola projetada por Montigny com o objetivo de "oferecer aos habitantes o estudo das Belas Artes com aplicação e referência aos assuntos mecânicos, cuja prática, perfeição e utilidade depende dos conhecimentos teóricos daquelas artes e difusivas luzes das ciências naturais, físicas e exatas".[12]

A influência da Missão Francesa alcançou também os hábitos de moradia, empurrando as residências para fora do centro da cidade. Formam-se, então, vivendas e chácaras no Catete, em Botafogo, no Engenho Velho, na Tijuca e no Andaraí. A moda dos jardins se patenteia entre a elite do Rio de janeiro. Um "francesismo" se espraia pela população da Corte que passa a freqüentar profissionais e estabelecimentos de proprietários franceses: parteiras, alfaiates, chapeleiros, tintureiros, cabeleireiros, jardineiros,

---

11 Tais razões políticas terão implicações importantes sobre os redatores da *Niterói*, como se verá adiante.

12 Mário Barata observa que havia "hostilidade de elementos tradicionais portugueses à ação dos franceses e as dificuldades de outra ordem, para a implantação do novo tipo de ensino artístico, decorrente do próprio nível da civilização brasileira, no momento. É de observar-se que o sistema acadêmico de ensino, então formulado, ainda não existia em Portugal, onde o ensino em aulas régias e oficinas era mais antiquado e mais direto ou empírico" (1967, p.413). Conforme o autor, também Martius, em 1817, julgou ilógico o ensino das Belas Artes num país carente de "todos os alicerces de civilização e de economia que lhe são necessários" (ibidem). Já Niemeyer diz que, muito embora não se possa negar as realizações da Missão Artística Francesa no Brasil, desde o final do século XVIII, alguns artistas brasileiros, como Manuel da Costa Ataíde, em Minas Gerais, Francisco Velasco e José Teófilo de Jesus, na Bahia, Jesuíno do Monte Carmelo, em São Paulo, e Manuel Dias de Oliveira, tiveram intensa atividade artística, chegando alguns a inovar no estilo neoclássico. Niemeyer ressalta o processo de academização sofrida pela arte brasileira em conseqüência do ensino na Escola Real de Artes, Ciências e Ofícios, ao mesmo tempo que, com sua influência, o que "se pretendeu foi substituir um tipo de colonialismo cultural a que se acostumara por outro colonialismo cultural, mais sofisticado, sem dúvida, mas ainda estranho à índole do nosso povo" (1986, p.159).

arquitetos, pintores, gravadores e talhadores davam o toque chique e de bom tom aos novos hábitos. O resultado se reflete no aspecto melhorado da vida doméstica. A mulher cuida-se mais e procura instruir-se. A partir do Primeiro Império não aceita mais o casamento por interesse; casa por amor, lê jornais, gosta de revistas de modas, de novelas e romances (Rios, 1946, p.291).[13]

A vinda da Missão Francesa para o Brasil foi resultado de medidas que visavam à montagem de uma estrutura educacional voltada tanto para as artes como para os ofícios e significou um grande impulso para o desenvolvimento das idéias e dos costumes na capital do Império.[14] Significou igualmente a sedimentação de uma tendência já delineada antes dela para o neoclássico, estilo esse que seria profícuo no pensamento e nas produções artísticas dos libelistas da *Niterói*.

A julgar pelas biografias de Gonçalves de Magalhães e Porto alegre, observa-se o quanto foram marcados pelas influências daqueles franceses fiéis a Napoleão.[15] Aliás, essa será uma característica que irá persegui-los em Paris, onde basicamente convive-

---

13 Não só o gosto francês se faz sentir nessa dinâmica de europeização da antiga cidade colonial. Também os ingleses, por meio do intenso comércio de artigos dos mais variados que traziam para a cidade, destacavam-se das "atividades francesas", mais ornamentais, por sua preponderância nos setores econômicos mais ativos. O desenvolvimento industrial da Inglaterra, o domínio dos mares e os tratados favoráveis, estabelecidos em pacto de compromisso com Portugal, lhes garantem o comércio mais lucrativo, os negócios mais favoráveis e o privilégio das operações bancárias. Com isso, estimulam a leitura dos economistas clássicos e a doutrina econômica liberal.

14 "Essa reeuropeização modificava extraordinariamente a fisionomia da antiga cidade colonial, impondo-lhes novos estilos de vida, criando-lhes necessidades antes desconhecidas. Nada dará melhor uma idéia do que foi a transformação que se operou no Rio do que a leitura dos jornais; dos anúncios publicados neles, fixando em verdadeiros flagrantes, as influências inglesas e francesas nas idéias, nos sentimentos, nos hábitos, nas modas, na alimentação, na vida íntima e na vida social dessa época" (SOUZA, 1957, p.34, v.6).

15 Magalhães lhe dedica o poema "Napoleão em Waterloo" (apud ROMERO, 1943, p.111), no qual é possível medir a sua admiração pelo imperador: "Ah! tudo ele perdeu! a esposa, o filho/A pátria, o mundo e seus fiéis soldados/Mas firme era sua alma como mármore/Onde o raio batia e recuava/Jamais, jamais mortal subiu tão alto!/Ele foi o primeiro sobre a terra:/Só ele brilha sobranceiro a tudo,/Como sobre a coluna de Vendôme,/Sua estátua de bronze ao céu se eleva,/–Acima dele, Deus – Deus tão-somente!".

ram com velhos saudosistas dos tempos de apogeu do imperador francês, que só sairiam do silêncio forçado com a queda de Carlos X. Essa característica será determinante na fixação do seu temperamento circunspecto, na sua repulsa pelos excessos românticos, na sua busca de harmonia e equilíbrio manifestos no terreno político e intelectual, quando freqüentavam os círculos liberais moderados do Rio de Janeiro.

OS SALÕES

Desde a chegada de D. João foram muitas as propriedades de brasileiros que, no Rio de Janeiro, serviram de ponto de encontro para o que havia de mais seleto na sociedade carioca.

Ferdinand Denis confirma que o Rio possuía uma sociedade culta e elegante: "Na sociedade os estilos são absolutamente os mesmos que os da mesma classe nos Estados civilizados da Europa: uma sala no Rio de Janeiro ou na Bahia oferece, com pouca diferença, a aparência de uma sala de Paris ou de Londres; ali se fala em geral, francês, e os usos se ressentem da influência inglesa" (apud Rios, 1946, p.298).

Um fato interessante sucede com a produção de café substituindo a de açúcar na região fluminense: enquanto esta era formada de uma aristocracia genuinamente rural, de origem e caráter colonial, insulada e ignorante, aquela se vê impregnada dos novos valores imperiais e procura unir o interior à Corte. Essas famílias promoviam inúmeras reuniões culturais em suas fazendas de café, localizadas em vários municípios da província do Rio de Janeiro, "cujas sedes eram verdadeiros solares". No entanto, nesses salões de caráter mundano, revestidos de pompa e luxo, jamais se articularia qualquer questionamento a respeito da escravidão no Brasil. O interior desses salões não refletia a violência do mundo do trabalho movido a arreios, grilhões e instrumentos de tortura que compeliam os escravos a servir-lhes de burros de carga.

Os salões, entretanto, não eram exclusividade dos bem-nascidos; outros mais ou menos modestos também aglutinavam movimentos associativos de intelectuais, todos, porém, refletindo a influência européia. Nos anos que se seguiram à Independência, os salões – ou salas – desempenhavam "uma função não apenas recreativa, como cultural em nossa pequena burguesia" (Broca, 1979, p.82). Ou seja, além dos saraus lúdicos e digestivos, debates políticos para enaltecer a pátria e a unidade nacional, criticar o absolutismo de D. Pedro, dar vivas à Monarquia Constitucional, alimentar a lusofobia, eram intensos entre as camadas médias do Rio de Janeiro.

Conforme informações biográficas, tudo leva a crer que Gonçalves de Magalhães, Porto alegre e Torres Homem, desde a mais tenra juventude, formavam "rodinhas literárias" e freqüentavam assiduamente as reuniões de salão, tendo nelas forjado parte do substrato contido na revista *Niterói*. Outra parte seria paulatinamente desenvolvida nas rodas formadas em torno das livrarias, em especial, a localizada na rua dos Pescadores.

UM BALCÃO DE IDÉIAS

Na primeira metade do século XIX, as principais livrarias do Rio foram as de Paul Martin (1799-1810), Seignot Plancher (1823-1834), Garnier (fundada em 1844), J. Villeneuve, Mongie, Girard e Christen, Firmin Didot, Laemmert, Albino Jordão, Souza e Comp., Bender, Guimarães, Paula Brito e a denominada do Livro Azul.

Algumas das obras mais procuradas pelos leitores foram os trabalhos de Bocage, *Orlando Furioso, As mil e uma noites, Recreação filosófica, Ilha incógnita, Paulo e Virgínia, Bertoldo e Bertoldinho, Pensadores matritenses, Dicionário do bom gosto ou a Genuína linguagem das flores*, as *Leis militares, Notícias de Portugal, Dedução cronológica*, a *Psyché des jeunes personnes*; a *Encyclopédie des jeunes étudiants et des gens du monde*; a *História da Revolução Francesa*; o *Museu universal das famílias brasileiras* e o *Brésil littéraire* de Ferdinand Denis. Livros, editados em português, também eram muito procurados, tais como *História do Brasil* de Beauchamp; e de Constâncio, a *História da Restauração de Portugal*; a *História da América* por Campe, as *Máximas, pensamentos e reflexões* do Marquês de Maricá, as *Modulações poéticas*, precedidas da *História da poesia brasileira*, por Joaquim

Norberto de Souza e Silva, os *Suspiros poéticos e saudades* de D. J. G. de Magalhães, os *Primeiros cantos* de Gonçalves Dias, o *Florilégio da poesia brasileira* de Francisco Adolfo Varnhagen, a *História da Revolução Pernambucana*, de Francisco Muniz Tavares, os *Bancos do Brasil* de Bernardo de Souza Franco, a *Memória sobre o Rio da Prata* de Manuel Alves Branco, o *Ensaio sobre o fabrico do açúcar* de Miguel Calmon du Pin e Almeida. Também livros de estrangeiros sobre o Brasil e a América Latina faziam muito sucesso: *Travels in South America, during the years 1819-1-21; containing an account of the present state of Brazil, Buenos Ayres and Chile*, de Alexander Caldleugh; *Voyage to South America, performed by order of the American Government in the years 1817 and 1818, in the Frigate Congress*, de H. M. Brackenridge; *Journal of a Voyage to Brazil, and Residente there, during part os the years 1821, 1822, 1823* de Maria Graham; *L'Amerique Septentrionale et Méridionale ou Description de Cette grande partie du monde, comprenant: L'Amerique Russe, la Nouvelle Bretagne, le Labrador, Terre Neuve, le Canada, Les États Unis du Nord, Les États Unis Mexicains, etc., tiré ou traduit des historiens et des voyageus français et étrangers les plus célèbres jusqu'à nos jous, et mis en ordre par une Societé de Géographes et d'Hommes de Lettres; Voyage pittoresque dans le Brésil par Maurice Rugendas, traduit de l'Allemand par M. de Colbery, Voyage pittoresque au Brésil* de Jean Baptiste Debret, *Notice historique et explicative du panorama de Rio de Janeiro* por Hippolyte Taunay e Ferdinand Denis; entre muitos outros de história, filosofia, romances e poesias.

Além de venderem livros, as livrarias eram também os locais prediletos para encontros de natureza política. E, talvez a mais importante delas, neste sentido, no Rio de Janeiro, tenha sido o denominado "clube da rua dos Pescadores", de Evaristo da Veiga, que a comprara do francês Jean Baptiste Bompard. Mesmo depois de diversificar suas atividades como jornalista e editor da *Aurora Fluminense* e tornar-se um dos grandes políticos do Império, Evaristo manter-se-ia fiel à sua linhagem de livreiros.[16]

---

16 Seu pai, Francisco Luís Saturnino Veiga possuía uma livraria na rua da Alfândega, 60, defronte do Arsenal. Evaristo e seu irmão João Pedro abririam

As várias biografias consultadas comentam que o revide à perseguição e ao desdém que sofriam tanto suas idéias como sua condição de livreiro por fidalgos que compunham uma "aristocracia gótica",[17] como os chamava, foi dizer-lhe com orgulho: "Não careço do governo para nada, não sou homem de ninguém ... vendo livros em minha casa e disto recebo uma subsistência honrada ... O nosso balcão! Ele nos tem dado para viver honestamente, sem andarmos a fazer cortesias e indignidades a quantos sobem ao poder, para não carecermos de avaliar tudo a dinheiro e de mendigar perpetuamente o que é da nação".

O orgulho de sua autonomia permitiu-lhe criticar o inchamento do aparelho estatal por uma gama considerável de elementos parasitários e de cercar-se de muitos elementos que se tornariam peças-chave na Regência e no Segundo Império. O tema, por sinal, será bastante discutido na revista *Niterói* como sintoma da degradação engendrada pela cultura escravista.

Um freqüentador que revela o prestígio de Evaristo da Veiga foi John Armitage, representante comercial da empresa inglesa Phillips, Woods & Cia., que chegou ao Brasil em 1828, logo após completar 21 anos. Nos tempos em que morou no Brasil, conviveu estreitamente com homens de Estado e da cultura brasileira, o que lhe despertou o interesse de compor uma história do Brasil. Segundo Eugênio Egas, as "...melhores narrativas histó-

---

livraria própria na esquina das ruas da Quitanda e São Pedro. Quando se casa, em 1827, desfaz a sociedade com o irmão, assumindo a livraria na rua dos Pescadores, 49, que comprara de Bompard (Ver a respeito, SOUZA, 1957, v.2, p.32-42).

17 O alvo predileto das críticas dos freqüentadores da livraria de Evaristo eram, além dos regressistas e exaltados, os "almofadinhas" de 1830 e os arroubos pelo modismo que grassava na capital do Império. Observações dos passeios públicos os levava a fazer chacota das "vítimas da moda": "passam em revista as beldades, que tocam piano, cantam modinhas, valsam com perfeição e, em meio dos requebros do 'miudinho', recebem dos namorados os bilhetes de amor ... Outros namoram a torto e a direito, piscam o olho, fazem sinais com as mão" (ALCÂNTARA MACHADO, 1936, p.21). Gonçalves de Magalhães, por exemplo, entre as muitas estrofes satíricas que escreveu a respeito, dedicou ao dandismo a seguinte:"... quando o espartilho lhe tiraram/ Para dar aos pulmões maior largueza/Também os ombros seus se deslocaram/E as nádegas postiças à francesa" (MAGALHÃES, 1864, t.I: Poesias avulsas, p.143).

ricas são as que se fazem à vista de documentos, consultados por escritores contemporâneos, alheios às paixões partidárias. Armitage, declara-o ele próprio, soube colocar-se acima dessas paixões, sem contudo deixar de manter relações com os grandes vultos da época que lutavam em campos opostos; teve à sua disposição documentos, que a raros era dado examinar, visitou os campos em que se desenrolaram os combates sangrentos da guerra Cisplatina; escreveu a sua obra tendo a verdade por inspiradora; trabalhou com o espírito livre de preconceitos; estudou a fundo o nosso meio, com alma e justiça. Soube, pois, ser historiador" (Prefácio da segunda edição de Armitage, 1943, p.12).

Desse trabalho, experiência e relações de amizades brasileiras, resultou o livro *História do Brasil*,[18] publicado em 1836 pela casa Smith, Elder & Cia., de Londres, compondo dois volumes que compreendem o período que vai da chegada da família real em 1808 até a abdicação de D. Pedro em 1831. Comenta-se que tenha se inspirado principalmente em José Bonifácio e Evaristo da Veiga, a ponto de dedicar-lhes o privilégio de terem estampado seus retratos na primeira edição inglesa. Mesmo em "campos opostos", representavam, melhor do que ninguém, a independência brasileira: "José Bonifácio simboliza a ação go-

---

18 Dois equívocos foram cometidos pelos historiadores e bibliógrafos a respeito da ligação entre Armitage e Evaristo da Veiga. O primeiro, deveu-se ao fato de pensarem que Armitage seria pseudônimo de Evaristo, equívoco esse desfeito ao levantarem a biografia completa do escritor inglês (idem, 1914, p.10). O segundo, foi darem Evaristo da Veiga como o provável tradutor da obra no Brasil. Comentando a respeito, o historiador Garcia Jr. diz o seguinte: "Isto, que a princípio parecia um problema indecifrável, acabou assumindo proporções de um acontecimento *sui generis* de literatura. O próprio Visconde de Porto Seguro ao traçar o prefácio de História da Independência (edição da *RIHGB*, v.173, p.27 – edição de 1938) livro escrito aliás pela metade do século passado, não obstante assinalar o inglês John Armitage como sendo o verdadeiro autor da História do Brasil ... não esconde que ela tivesse tido por tradutor o próprio Evaristo; de maneira não menos diferente pensava igualmente o articulista que, pelas colunas do 'Diário do Rio' de setembro de 1842, acusava Armitage de ter emprestado seu nome a Evaristo da Veiga, esquecendo-se todavia que já em 1837 o 'Correio Oficial' pela palavra de Januário da Cunha Barbosa, ao registrar a obra ... fazia-o cheio de justiça pelos méritos do novel historiador a quem se tributava qualidades de escritor probo e imparcialíssimo".

vernamental. Evaristo a ação do povo e da imprensa" (Idem, 1914, p.11). Ambos, entretanto, não partilhavam de sentimentos separatistas, federalistas ou revolucionários. Identificavamnos o liberalismo ilustrado, a erudição cultural, o desejo de manter a unidade nacional com base na centralização do poder e de ver transformações estruturais no Brasil como a extinção do tráfico de escravos. Sua diferença e antagonismo foi o fato de pertencerem a gerações distintas e de um haver sido educado em Portugal e o outro no Rio de Janeiro. Porém, ambos compunham o perfil ideal ao espírito inglês que, no Brasil, expressava conciliação e renovação sem extremismos. A educação austera do pai português, avesso à política, aliada ao seu feito erudito, aplicado, ávido de conhecimentos não o impediram de pensar criticamente as conduções políticas brasileiras. Essas características deram a Evaristo um aspecto "fundamentalmente moderado, uma natureza que aborrecia os extremos", tornando-se um "indivíduo fadado à posição de equilíbrio entre a conservação e o progresso, entre a tradição e a novidade" (Souza, 1957, v.6, p.13).[19] Armitage, representando os interesses da Inglaterra no Brasil, não se fiava nas divergências conjunturais, que eram muitas, da política e, principalmente, dos políticos brasileiros.[20] Seus objetivos eram mais profundos e de mais longo prazo e o episódio serve para registrar que as relações que se estabeleciam entre

---

19 Ao estudar o período da história social do Brasil que culminou na fase imperial, Gilberto Freyre observou que esse período foi de equilíbrio entre a tendência coletivista e a individualista, acentuando-se nele (Evaristo) "alguns dos traços mais simpáticos da fisionomia moral do brasileiro. O talento político de contemporização. O jurídico de harmonização. A capacidade de imitar o estrangeiro e de assimilar-lhe os traços de cultura mais finos e não apenas os superficiais" (op. cit. 1936, p.55).

20 A ingerência dos assuntos ingleses no Brasil sempre se manifestou indiretamente. Desde a vigência colonial, a Inglaterra, via Portugal, monopolizava o comércio da produção brasileira mais lucrativa. Como qualquer metrópole, vivendo em grau elevado da exploração de suas colônias, a intromissão da Inglaterra no Brasil foi, nos primeiros tempos extremamente predatória, responsável pela intensificação do tráfico de escravos e da selvageria dos colonos sobre os negros. A partir de 1808, no entanto, a presença dos ingleses no Brasil se modifica e se torna um dos principais vetores de modernização da ex-colônia portuguesa.

os dois países, para além do universo estritamente comercial, serviam para instilar idéias baseadas na moderação em contrapartida às idéias plenas de radicalidade da França. Portanto, não parece ter sido tão neutro o ofício de historiador de Armitage, como crê Eugênio Egas.

Em pelo menos duas ocasiões, os nomes dos redatores da *Niterói* estiveram envolvidos nesta relação de amizade e oportunidade. Por ocasião da publicação do livro de Armitage no Brasil, em 1837, pela Tipografia Imperial e Constitucional, Gonçalves de Magalhães escreveria no *Jornal de Debates* uma resenha na qual "não regateava aplausos ao escritor inglês ... A seu ver, John Armitage tinha sido 'imparcial, sem ser indiferente' na análise dos acontecimentos que culminariam no 7 de abril de 1831 e acrescentava 'e enquanto alguns juízos seus talvez possam ser contestados, cremos que em geral não foi severo, nem injusto... Exposição fácil, inteligência dos fatos, crítica segura, recomendam esta obra, etc...'"(Idem, 1943, p.16).

Além das simpatias de Gonçalves de Magalhães, também Sales Torres Homem se vê envolvido no episódio, como revela a carta que Armitage envia a Evaristo da Veiga em 21 de setembro de 1836:

> Boulogne sur mér, 21 de setembro de 1836
>
> Caríssimo Sr. Evaristo – Mando-lhe esta junto com uma cópia da minha História do Brasil. Segundos conselhos do livreiro inseri somente duas estampas, mas o senhor verá que uma foi a sua, deveras era necessário visto que o Sr. é o meu herói do 2º tomo.
>
> As duas estampas foram gravadas em aço em primeiro lugar, porém foram tão pouco semelhantes que eu não consenti saíssem à luz, e assim foram sujeitadas e substituídas por litografia. Não será preciso dizer-lhe quanto dissabor e quanta demora isto tem me causado.
>
> Tenho estado alguns dias em Paris, porém estava com tanta ocupação que nunca achei ocasião de entregar as cartas de introdução ao Ministro brasileiro[21] e a Francisco de Sales Torres Homem,

---

21 Na ocasião em que esteve na França, o ministro brasileiro a que se refere era Luís Moutinho Álvares de Lima, chefe da Legação Brasileira em Paris, e Francisco de Sales Torres Homem, seu secretário.

que o Sr. tenha a bondade de dar-me. Contudo isso não diminui as minhas obrigações para com o Senhor.

Terá talvez ouvido de alguns de meus amigos no Rio que estou para partir para a Índia, aonde tenho formado uma sociedade com termos muito vantajosos para mim, e assim não é provável que havemos de encontrarmos mais neste mundo. Mas enquanto a vida tivermos sempre terá V. S. um amigo sincero em

John Armitage".[22]

O entrecruzamento dessas informações revela que estreitas ligações mantiveram os redatores da *Niterói* atados a Evaristo da Veiga e, mais precisamente, às idéias que articulava. Distantes da realidade brasileira, envolta em caos e rebeliões, a *Niterói* representou uma tentativa de superação do imediato, consagrando-se num suporte espiritual da moderação no Brasil. Do país levaram, para a Europa, a imagem do Rio de Janeiro, a mais européia de suas cidades, temperando-a, lá, com escorços civilizatórios.

UNIDADE DO PARADOXO

É importante considerar que o Rio de Janeiro refletia, no nível do debate intelectual e parlamentar, a situação caótica vivida pelo país, mas, de alguma forma, estava apartado daquela realidade. O Brasil, como um todo, estava envolto em problemas de difícil adequação à civilização que entrava por sua "porta principal".

Um dos mais graves problemas enfrentados durante o Império, destacando o período regencial, esteve relacionado a toda uma cultura desagregadora que dificultava a assimilação da nova realidade do Estado e da unidade nacional. Na verdade, a problemática da desagregação está nas origens da formação colonial brasileira, idealizada para ser dispersa e composta de forças cen-

---

22 Esta carta foi entregue ao Instituto Histórico e Geográfico Brasileiro pelo senhor Luís Francisco da Veiga e ainda pertence aos seus arquivos.

trífugas.[23] Sem interesses políticos ou econômicos comuns, no máximo, essa "ordem colonial tendia a assimilar as elites, de norte a sul do país, aproximando pernambucanos, baianos, fluminenses, paulistas" dos mesmos princípios escravocratas e das limitadas perspectivas material e psicológica, constituindo uma "unidade de cultura" (Azevedo, 1971, p.286).

Do contexto socioeconômico vigente no sistema colonial resultou um sentimento localista arraigado, de progressivo isolamento e impedido de manifestar ímpeto ou ambição nos negócios que movia. O "senhor rural" compensava essa ausência de poder para além das fronteiras de sua propriedade, "submergindo numa concepção de vida, do mundo e da economia que respondia exclusivamente aos determinantes tradicionalistas da dominação patrimonialista" (Fernandes, 1987, p.26).

A estreiteza dessa visão, conveniente ao sistema colonial, converte-se em mentalidade estrutural que, a partir de 1822, se torna um dos principais obstáculos à coesão e à unidade necessárias à constituição do Estado nacional. Nos princípios da Independência, tentou-se cooptar essa tradição desagregadora no sentido de constituir um Estado liberal, federativo, semelhante ao modelo norte-americano. Mas, na medida em que algumas províncias brasileiras opunham resistência ao governo independente, insistindo em manter-se fiéis à Coroa portuguesa, não havia como concebê-las em termos de unidades federativas. Com isso, "não se completara ainda a unidade material do Brasil; na Bahia, os patriotas lutavam contra os antigos dominadores – influentes e poderosos –, e também no Maranhão, no Piauí, no Pará" (Souza, 1957, p.244, v.I). A problemática, portanto, deitava raízes muito mais profundas e não seria uma emenda constitucional que iria solucioná-la.

Como forma de garantir a unidade nacional e combater os chamados "corcundas", José Bonifácio, principalmente ele, aconselha D. Pedro a adotar o sistema de poder centralizado, contra

---

23 Segundo Horace Say, em visita ao Brasil no ano de 1815, pelo nome de Brasil se poderia entender a "designação genérica das possessões portuguesas na América do Sul, mas que não existia, por assim dizer, unidade brasileira" (apud HOLANDA, 1965, p.16).

quaisquer perspectivas democráticas, pois, conforme o Ministro, "não bastavam reivindicações liberais, fórmulas políticas apregoadas como remédios infalíveis. Antes de tudo, o que se impunha era firmar a ordem pública em vasto e ainda mal articulado Império, mobilizar os meios de expulsar as tropas portuguesas que se obstinavam em não reconhecê-lo, preparar o país contra uma possível agressão" (Ibidem). Isso significa que a organização do país independente e a constituição do Estado nacional dissociam, desde o primeiro instante, liberalismo e democracia. A unidade nacional seria garantida mediante forças repressoras acionadas pelo Estado recém-constituído.

O liberalismo português, fundado pela Revolução Constitucionalista do Porto (1820), foi o grande adversário, mas também, o mote principal da Independência brasileira porque, se liberais lá, aqui os portugueses pretendiam restabelecer o pacto colonial, as antigas tiranias e opressões. A frustração de não conseguir manter-se atado a Portugal na condição de parte constitutiva do Reino Unido, opção privilegiada no primeiro momento, insuflou os ânimos separatistas. Porém, um paradoxo se coloca para os liberais brasileiros que, lutando pela libertação do país, acabaram forçados a uma aliança com as forças reacionárias da Europa.[24]

Por essa razão, "a idéia nacional torna-se, aqui, um complemento obrigatório da idéia liberal", e a aliança com os ranços absolutistas – coroada com o casamento do Imperador do Brasil com a arquiduquesa D. Carolina Josefa Leopoldina, filha de Francisco I, Imperador da Áustria[25] – vão determinar a política centralizadora e vacilante do Primeiro Império. Em 1822, o sentimento antilusitano aglutina as forças que aspiram pela Inde-

---

24 "Explica-se, assim, que um radical convicto como Cipriano Barata possa, sem grande inconseqüência, desafiar a indignação dos liberais de Lisboa, acenando, como o fez perante as Cortes, e justamente em setembro de 1822, para a possibilidade de um Brasil independente e libertário, mas aliado não obstante, da Áustria, reduto do Absolutismo" (SOUZA, 1957, p.90).

25 A arquiduquesa "encarnava o espírito e os objetivos da Santa Aliança, e ter o apoio ou simpatia do Império que tamanha influência estava a exercer no mundo de então constituiria considerável benefício para a Coroa portugueza" (Idem, p.90-1).

pendência e define as circunstâncias que garantem a unidade do país. A Independência, no entanto, ao mesmo tempo em que liberta as elites patriarcais das amarras coloniais, cria um Estado que se converte em fator de preservação do patrimonialismo colonial; a escravidão e a dominação senhorial jamais foram questionadas e vozes, como as de José Bonifácio, contrárias a essas instituições brasileiras, sempre foram vencidas pelos apologetas da continuidade.

Outro paradoxo se observa por ocasião da abdicação de D. Pedro e o comemorado 7 de abril de 1831.[26] Novamente, no centro da questão nacional, estão as tendências divididas entre centralistas e separatistas. Com variações substantivas, o período regencial assume a árdua tarefa de manter a unidade do país em meio à exaltação dos ânimos antilusitanos, alimentados sobretudo pela brasilidade pouco convincente de D. Pedro.[27] Movidas por aspirações separatistas, essas forças centrífugas, reagindo ao governo centralizado e quase absolutista do Imperador, punham em curso um processo de desmantelamento da Monarquia. Os conflitos adentram o período regencial com força maior e mais articulada, evidenciando que a problemática da fragmentação colonial, apenas coibida por forças policiais, não havia de fato sido superada nos nove anos do Primeiro Império. Ao contrário de 1822, o sentimento antilusitano de 1831 desperta para as manifestações interiores de separatismo, pondo em risco, dessa vez, a unidade nacional.[28]

---

26 "Se o brasileiro deve em sua gratidão bradar: 'glória eterna aos homens de 22', não menos deve a sua gratidão exclamar: 'glória eterna aos homens de 1831" (Justiniano José da Rocha. *Ação, reação, transação*. In: MAGALHÃES JÚNIOR, 1956, p.177).

27 Segundo Armitage: "... nem o progresso da instrução, nem os esforços sediciosos do jornalismo, nem a irregularidade da vida privada de D. Pedro, eram a causa principal da sua impopularidade em todo o Império. Outra causa militava, além da má administração do Gabinete, causa de que nunca se fez menção, mas que todavia se fazia sentir: era nunca ter ele sabido ser o – *Homem do seu Povo* – nunca ter-se constituído inteira e verdadeiramente brasileiro"(1943, p.293, grifos do autor).

28 Cf. PRADO JÚNIOR (1977, p.58-9), é "certo que não desapareceram desde logo da cena política do país os absolutistas do primeiro reinado, que passam logo depois de 7 de abril a restauradores do trono de D. Pedro. Mas

Pois bem, o localismo orgulhoso, provincialista, que "deita raízes fundas e ainda vivas em nosso passado colonial", é sujeito evidente nas lutas separatistas. Sem dúvida alguma, não se pode negar que os levantes que eclodiram durante as Regências tiveram momentos de particular ressonância revolucionária. A participação popular imprimiu caráter expressivo e agressivo em suas exigências e formas de ação. No calor das lutas, alguns desses movimentos reivindicavam medidas nitidamente transformadoras, possíveis tão-somente com a destruição das molas mestras da estrutura colonial: escravidão, latifúndio e aristocracia agrária. Com isso, pretendeu-se instituir a igualdade de cor e raça, assim como pôr término aos privilégios da minoria por meio de ideais republicanos e federalistas.

Algumas dessas rebeliões foram deflagradas pelo descontentamento de frações da aristocracia agrária com a política absolutista do Primeiro Império que, no afã de legitimar e dar livre curso ao processo de suas lutas (comerciais) específicas, mobilizavam setores da população até então marginais ao transcurso político da sociedade brasileira. Os populares mais ativos correspondiam a segmentos bastante heterogêneos, razão pela qual aglutinavam-se em torno dos interesses mais diversos, muitas vezes antagônicos, comprometendo efetivamente a unidade e a coerência das suas ações libertárias. No entanto, formavam a "força social do jacobinismo"[29] brasileiro, refletindo e mimetizando as deformi-

---

eles vão em franco declínio, uma vez que sua finalidade essencial, sua razão de ser, que era justamente a recolonização, aparece então cada vez mais praticamente irrealizável. A situação agora já é outra. Tinham-se modificado profundamente as condições políticas do país. Havia decorrido mais de vinte anos desde que D. João passando-se para o Brasil, dera os primeiros passos no sentido da autonomia nacional. Esta circunstância, aliada ao golpe final da revolução da Independência vibrado em 7 de abril, faz com que as classes, cujos interesses se ligavam ao regime de colônia se integrem na nova ordem estabelecida evoluindo para outras formas de atividade política".

29 Apesar de consistirem em nações de dimensões opostas e, ao mesmo tempo, complementares no circuito capitalista, a Inglaterra e o Brasil possuem aspectos semelhantes, considerando fundamentalmente o provincianismo de suas classes dominantes. A esse respeito é bastante interessante o ensaio de Tom Nairn, "A classe trabalhadora na Inglaterra" (In: BLACKBURN, 1982), onde o autor analisa o isolamento e a estagnação da classe operária inglesa

dades que impunha à sociedade nacional, composta sobretudo de uma pletora de não cidadãos, fossem eles livres ou cativos.

Na medida em que essa participação popular, inicialmente induzida, radicalizava na ação e nas idéias, confrontando o poder e os interesses dominantes, as elites recuavam e apelavam para a repressão do Estado. Ou seja, "... ao nível político ideológico, o fracionamento das classes dominantes (moderados e exaltados), ao mesmo tempo que incentiva a elaboração de novos projetos políticos, reflete-se na estrutura social, liberando forças realmente dinâmicas e obrigando essas frações a voltarem atrás nos passos já dados e a recuperar sua unidade para 'salvar' a ordem" (Fernandes, 1976, p.62).

De uma forma geral, esses movimentos descortinaram a fragilidade e as possibilidades encontradas pelas organizações populares, assim como puseram à prova a disposição transformadora das elites que, além de não se confirmar, revelam-se profundamente temerosas e avessas à revolução, justamente pelo caráter popular que necessariamente haveria de tomar e sobre o qual sentiram-se débeis o bastante para um controle efetivo da ação sem o espectro da repressão governamental. Se as elites eram capazes de adotar o discurso liberal, confessavam-se igualmente antidemocráticas e anti-revolucionárias. "Em outras palavras: conciliar a liberdade com a ordem existente, isto é, manter a estrutura escravista de produção, cercear as pretensões democratizantes" (Costa, 1979, p.116).

As forças em conflito pareciam, portanto, não ter transposto aquela "unidade de cultura" colonial de que fala Fernando de Azevedo. As elites liberais foram acanhadas e, tanto quanto as restauradoras, não questionavam nem o trabalho escravo, nem a submissão a um novo colonialismo mais diversificado e ativo.[30] Todas as frações dominantes no Brasil pactuavam do "sentimento

---

como reflexo de uma burguesia que evitava o confronto municiada dos instrumentos do puritanismo.

30 A agravar essa posição recúbita das elites brasileiras, além da pequena expressividade das camadas populares, apresenta-se para o Brasil, por meio do processo de europeização, uma nova forma de colonialismo dada pela França e, principalmente, pela Inglaterra.

de que o povo é uma espécie de vulcão adormecido. Todo perigo está em despertá-lo" (Faoro, 1977, p.319).

Por outro lado, as limitadas forças populares, ofensivas, sem dúvida, mas espontaneístas, dispersas, sem projeto político ou econômico comuns e abrangentes, sem lideranças realmente expressivas, não conseguiriam romper nem mesmo com a sua própria fragilidade.[31]

Essas foram as forças federalistas que marcaram a história regencial, que tornaram transparentes a situação social no Brasil e as contradições de um país que lutava pela aquisição dos "foros de civilização" sem abrir mão da "vocação agrícola" e da entidade senhorial escravista que "podia empregar seus negros e mulatos nas obras que bem entendesse, para negociar depois o produto do seu trabalho" (Holanda, 1965, p.26).

Nesse sentido, o centralismo, enquanto negação de princípios democráticos, de alguma forma, funciona, no Brasil, como mecanismo de represamento do provincialismo arcaico, das práticas herdadas do passado colonial. Já o federalismo que emanava das rebeliões durante o período regencial continha um acentuado tom separatista, parecendo obedecer mais às tradições coloniais do que à predisposição de constituir, na verdadeira acepção da palavra, unidades provinciais coesas, liberais e modernas.

Pois bem, em relação a esses fatores, a revista *Niterói* se define, ideologicamente, como um fiel da balança. A data de sua

---

31 "...para compreendermos a ineficiência política das camadas inferiores da população brasileira, devemos nos lembrar que a economia nacional, e com ela a nossa organização social, assente como estava numa larga base escravista, não comportava naturalmente uma estrutura política democrática e popular. Estes são os fatores que no período da Menoridade contribuem para a atitude revolucionária inconseqüente das camadas inferiores. Sem coesão, sem ideologia, que dadas suas condições objetivas, não podiam ter – mesmo quando alcançam o poder, tornam-se nele completamente estéreis. Em todos os movimentos populares deste período que vamos analisar, o que mais choca é sua completa desagregação logo que passa o primeiro ímpeto da refrega. Congregam-se as massas em torno de individualidades mais ou menos salientes – caráter comum a todas as lutas políticas às quais faltam sólidas bases ideológicas – e a ação revolucionária é dispendiosa em dissenções intestinas e hostilidades entre os chefes que afinal não sabem ao certo o que fazer" (PRADO JÚNIOR, 1977, p.61).

publicação, coincidindo com um dos momentos mais encarniçados das lutas regionais, exigia um posicionamento a respeito e toda ela, de uma forma ou de outra, direta ou sub-repticiamente, elabora mensagens de equilíbrio e conciliação.

Absolutamente contrários às estratégias belicistas no interior do país, os artigos da revista deixam entrever sua antipatia pelos aristocratas da terra e seu temor pela manifestação popular. Entre eles não havia razão suficientemente forte que justificasse uma guerra interna, de configuração própria. As condições para as mudanças estavam dadas e o Brasil herdava os frutos benéficos da violência deflagrada em outras plagas. Os vitoriosos de lá contaminariam a especificidade das razões de cá, sem que fosse necessário repetir-se o confronto. A unidade nacional e a harmonia política dar-se-iam com base na educação dos sentidos voltados, então, para a construção dos valores dos novos tempos.

Para Gonçalves de Magalhães, por exemplo, a "guerra outra coisa não é mais que a luta das idéias debaixo de uma força material, representada pela força; e grandes mudanças não se operam sem luta; a guerra é o último grande meio, de que lança mão o espírito, é a razão última" (*Niterói*, p.23, v.II). Para todos os efeitos, essa guerra moderna já estava resolvida e chegava-se, pois, o momento em que o país deveria abraçar a idéia predominante que brotava dela e se impunha sobre as precedentes.[32] Chegava o momento em que era preciso abandonar as premissas da ignorância, do isolamento e das causas mesquinhas que moviam as "falsas idéias que entre nós lavram" (Idem, p.24, v.II). E, se o problema se resolveria com a montagem de uma estrutura pedagógica de modernização, o terreno, até então privilegiado, das mudanças de ordem política, além de impotente para garantir a unidade nacional, mostrava-se em descompasso com as necessidades ideológicas e materiais do país.[33]

---

32 "Uma idéia destinada a ter em tal época seu desenvolvimento, embarga o das outras" (MAGALHÃES, *Niterói*, p.24, v.II).

33 "Qual razão por que o Brasil, que tão largos passos há progredido na carreira política, é ao mesmo tempo um dos países mais atrasados na indústria? Por que tanta diferença entre o Brasil político e o Brasil industrial?" (HOMEM, *Niterói*, p.78, v.I).

Era urgente interferir na cultura localista, prepotente e escravocrata que vigorava no Brasil; era preciso, enfim, aproximar a idéia dominante da época dos interesses do "povo" em geral. Neste sentido, a revista *Niterói* configura-se numa das várias estratégias de educação conciliatória elaborada pelas forças moderadas do Brasil.

MEDIDAS PROFILÁTICAS

O Rio de Janeiro vivenciava esse clima de divergências de uma forma *sui generis* e essa particularidade terá ressonâncias sobre as idéias da revista *Niterói*.

De uma maneira geral, a cidade, cujo aspecto era limpo, claro, saneado, os hábitos cultivados polidos e a vida social incentivando o bom gosto, simbolizava a luz e o civismo que se esperava do centro das decisões políticas, da sede do governo nacional. Enfim, se no restante do Império lavrou o caos, as rebeliões, o conflito armado e direto, o Rio precisava, e conseguiu manter certa eqüidistância das "competições e paixões" de caráter local ou regional. "O Rio pudera viver, até então, uma vida distante dessas particularidades..." (Reis, 1967, p.334).

O artigo 1º da lei de 12 de agosto de 1834 (Ato Adicional) constitui a Corte em Município Neutro, desmembrando-a da Província do Rio de Janeiro. Essa medida visava protegê-la dos divisionismos, dos descontentamentos partidários. Ao menos na capital do Império garantir-se-ia a unidade nacional e uma relativa tranqüilidade pairava sobre o centro das decisões políticas "de onde emanava o poder e com ele todo o sistema a que se devia atrelar o país ..." (Idem, p.332).

Isso não significou que o Rio de Janeiro tivesse sofrido um alheamento do restante do país. No Rio debatia-se freneticamente todas as questões brasileiras, todos os problemas que afligiam de Norte a Sul do país e muitos dos episódios localizados, regionais, foram reflexos do que aí se discutia e articulava. A questão que se coloca é a forma pela qual os debates e articulações se entabulavam.

TRÊS DEVOTOS, UMA FÉ, NENHUM MILAGRE 75

Na parte dedicada à "Província do Rio de Janeiro e o Município Neutro" de *História da Civilização Brasileira* (Holanda, 1965, t.II, O Brasil Monárquico, p.332), o historiador Arthur C. F. Reis considera que o Rio "já a essa altura era uma *síntese do Brasil* nos anseios que o agitavam" (grifo meu). Pelo menos, até esse momento, tanto o aspecto físico glamouroso como a mentalidade ilustrada que grassava na capital do Império, pressupunham menos uma síntese e mais singularidade, excentricidade, tendo em vista o país como um todo. O Rio debatia sobre o Brasil, opondo-se a sua indigência material e mental. Protegido por um campo de força política, o Rio superava o atraso e evitava a violência. Com essas características tão bem definidas, daí não poderiam irradiar teorias, pensamentos ou opiniões radicalizadas. Suas orientações, articuladas às claras, à luz da cidade mais européia, mais ilustrada do Brasil, não seriam, substancialmente, nem jacobinas, nem restauradoras, mas moderadas, baseadas no modelo francês da Monarquia Constitucional. A ambientação carioca seria, assim, o cenário ideal para responder, por meio da transação política, às ações e reações emanadas de várias regiões brasileiras, nas quais eclodiam rebeliões.[34]

O Rio de Janeiro se destacava do país pois a "história da transformação de sua sociedade, que se polia e amadurecia nos salões e nas demais demonstrações da vivência doméstica, nas maneiras fidalgas do trato cerimonioso, no bom gosto revelado na preparação do interior das casas, era bem um reflexo da civilização que batia às portas do país entrando por sua porta principal" (Ibidem).

A Revolução de 1830 na França, provocando a queda de Carlos X e a subida ao poder de Luís Felipe, refletiu como uma luz sobre os aspirantes ao liberalismo no Brasil, adeptos da Monarquia Constitucional. Os liberais referiram-se ao episódio fran-

---

34 Conforme Justiniano José da Rocha, a relativa tranqüilidade vivida no Rio, foi também mantida mediante "dois remédios heróicos, o licenciamento do exército, e a criação da ordem cívica. Foram dois grandes fatos e das mais notáveis conseqüências: a ordem pública na capital achou-se defendida e pôde superar todos os acometimentos" (Ação, reação, transação. In: MAGALHÃES JÚNIOR, 1956, p.180).

76 MARIA ORLANDA PINASSI

cês para aludir à queda do Imperador D. Pedro I. Armitage, em *História do Brasil*, diz que "no dia 14 desse mesmo mês – setembro – chegaram notícias da imprevista revolução dos 3 dias de julho em Paris. O choque foi elétrico. Muitos indivíduos no Rio, Baía, Pernambuco, São Paulo, iluminaram suas casas por este motivo. Excitaram-se as esperanças dos liberais e o temor dos corcundas, e estas sensações se espalharam por todo o Império" (1943, p.281).

A estrutura ideológica se torna mais complexa ao estabelecer-se na formação de grupos, facções e movimentos divididos entre as posições exaltada, restauradora e moderada. Seu horizonte não se limita, pois, aos sentimentos pró ou antilusitanos. O momento era propício à exacerbação do sentimento nacionalista, além do que prenunciava o acirramento das diferenças políticas, gerando um clima de grande violência social.[35]

No interior dessa estrutura ideológica, a ala que se mostrava mais adequada ao circuito formado por "ação, reação, transação", a única que, enfim, poderia aglutinar tendências que professavam fé na transição pacífica, seria a moderadora. Daí o prevalecimento dessa forma política durante o período regencial que, por meio da sua voz mais expressiva, atacava tanto absolutistas "corcundas" como "jacobinos de qualquer cor". Para Evaristo da Veiga, esses dois extremos, quando se tocavam, caracterizavam o que denominou de "liga de matérias repugnantes". No número de 9 de setembro de 1829 da *Aurora Fluminense*, Evaristo se pronunciava a respeito: "Nada de excessos, a linha está traçada, é a da Constituição. Tornar prática a Constituição

---

35 Ainda em 1831, inúmeras rebeliões, algumas com caráter popular, outras aspirando a restauração do trono de D. Pedro, quase todas, porém, espontaneístas e sem lideranças, multiplicam-se em Pernambuco. À *Setembrizada* (7.5.1831) segue-se a *Novembrada* (15.11.1831). Em 32, acontecem a *Abrilada* e a primeira *Guerra dos Cabanos*. Entre 1834 e 1835, ocorrem as últimas revoltas do período em Pernambuco com as *Carneiradas*, apelidadas assim por causa do sobrenome de seus chefes, os irmãos Antonio e Francisco Carneiro. Durante o período regencial (1831-1840), mais precisamente com o Regente Diogo A. Feijó, vão ocorrer algumas das lutas mais violentas de todo o Império: a *Revolta dos Cabanos*, no Pará (1835), a *Farroupilha*, no Rio Grande Do Sul (1835-1845) e a *Sabinada*, na Bahia (1837).

que existe sobre o papel deve ser esforço dos liberais". Essa linha de pensamento reuniria também José Bonifácio e Bernardo de Vasconcelos, seus futuros adversários políticos, em torno da Monarquia Constitucional que seria, naquele momento, o único meio de garantir a unidade nacional, ameaçada por um país dividido por lutas intestinas.

O liberalismo apregoado se opunha à intervenção do Estado na ordem econômica, "sustentando a tese de que o interesse particular é sempre mais inteligente e vigilante do que a Autoridade e que qualquer favor à indústria feito pelo Estado seria prejudicial ao desenvolvimento econômico da nação". Na opinião de Evaristo era necessário "preservar o mais religioso respeito à propriedade e à liberdade do cidadão brasileiro" (Souza, 1957, p.79, v.V). A moderação de Evaristo, mantida no poder até a renúncia de Feijó, expressava os limites do liberalismo brasileiro que, antidemocrático e anti-revolucionário, definia-se por sua luta "em favor da abolição de instituições coloniais, as críticas ao despotismo e ao poder aristocrático, sua oposição à interferência do Estado na vida econômica, seu respeito religioso pela propriedade..." (Costa, 1979, p.121).

Desde o primeiro momento no poder, os moderados sentiram as dificuldades de esquivar-se das divergências procedentes de restauradores, de exaltados e, até mesmo, entre filiados da mesma posição política. Pretendiam polarizar as atenções constituindo um governo forte, organizá-los em moldes liberais. "Organizar o governo e formar uma opinião esclarecida, criar núcleos de resistência e órgãos que sistematizassem as aspirações médias do país, tal foi o trabalho imenso a que Evaristo se entregou" (Souza, 1957, p.107, v.6).

O governo, porém, estava distanciado da sociedade que "se transformava sob vários aspectos de modo artificial por força da adoção de estilos de vida e instituições mal ajustadas às condições da população e de sua cultura" (Idem, p.109). Consciente desse distanciamento, Evaristo previa que só os instrumentos repressores do Estado não garantiriam a ordem e a disciplina social. Era preciso criar instâncias que funcionassem como ponte entre o governo e a população, estendendo sua ação até onde aquele não conseguia alcançar. É dessa forma que pretendia minar aquela "unidade de cultura", desmantelando, pela raiz, instituições sagradas e mantidas do estatuto colonial. Surge, assim, a *Sociedade Defensora da Liberdade e da Independência Nacional*, criada no Rio de Janeiro em 19.5.1831, que se multiplica por várias províncias brasileiras.[36]

A "Defensora" foi uma instituição de natureza fundamentalmente política, mas os aspectos nativista e libertário advindos da Abdicação expandiram-se para urgências de natureza intelectual e social, pontos nevrálgicos que Evaristo e sua ação moderadora pretendiam atingir. Assim, múltiplas iniciativas se tomam no sentido de formar sociedades e agremiações, especialmente nos anos de 1831 e 1832.[37]

Aos poucos o círculo vai se fechando e tornando transparentes as afinidades e dissensões políticas. A aparente harmonia reinante entre os liberais que comporiam a ala moderada da pri-

---

36 "As primeiras reuniões da Sociedade Defensora realizaram-se na casa n.406, da Rua de São Pedro, residência de Antonio Borges da Fonseca, em cujo jornal, O *Repúblico*, foram publicados os nomes de todos os sócios fundadores. Se a 'Defensora' não foi iniciativa de Evaristo, dela se tornou imediatamente o mais ardoroso adepto. De 1831 a 1835, as páginas da *Aurora Fluminense*, a tribuna da Câmara e a Sociedade Defensora foram os três centros de sua ação de todos os dias. Da 'Defensora' fizeram parte para logo regentes, ministros, deputados, senadores, militares, comerciantes, banqueiros, advogados, médicos, funcionários públicos e no primeiro Conselho Diretor, constituído de 24 membros, figuravam Odorico Mendes, Manuel da Fonseca Lima e Silva, Evaristo, Limpo de Abreu, Batista Caetano, Monteiro Ferreira, Silva Araújo, Antonio Borges da Fonseca, José Bonifácio, Soares de Meireles, Xavier de Carvalho, Antonio João Lessa, Henriques de Rezende, Paula Souza, José Joaquim de Lima e Silva, Otaviano Rosa, Jacinto Rodrigues Pereira Reis, Juvêncio Pereira, José Bento, Costa Carvalho, Luís de Souza Lobo, Luís Valdetaro, Manuel Valadão Pimentel e Carneiro da Cunha" (SOUZA, op. cit., p.110).

37 De quase todas Evaristo foi membro ativo. "Assim é que ele foi um dos fundadores da Sociedade de Instrução Elementar, da Sociedade Amante da Instrução e da Sociedade Filomática do Rio de Janeiro, visando a fins culturais e de cujo conselho diretor fez parte juntamente com Martim Francisco, Araújo Lima, Manuel José de Oliveira e João Paulo dos Santos Barreto e de que eram sócios políticos e homens de letras, como Antonio Carlos, José Martiniano de Alencar, Aureliano Coutinho, Bernardo de Vasconcelos, Torres Homem, Cairu e Montalverne" (Idem, p.112).

meira hora, rapidamente se esfacela. Apenas para citar dois dos maiores nomes do Império, José Bonifácio e Bernardo de Vasconcelos se desentendem e nesse desentendimento exprimem a principal contradição que, vigorando durante todo o Império, incompatibilizava a convivência, numa mesma agremiação, de adeptos do liberalismo no Brasil. José Bonifácio e Bernardo de Vasconcelos, primeiro um, depois o outro, se afastam dos Moderados e convertem-se ao Regresso. Mas, enquanto aquele foi abolicionista e favorável à reestruturação fundiária do país, este não escondia a sua representação escravocrata e latifundiária, especialmente da aristocracia cafeeira que vinha se fortalecendo. José Bonifácio cairia em desgraça, seria deportado e esquecido, enquanto Vasconcelos tornar-se-ia o grande expoente do conservadorismo que lavra sobre a regência que sucede a Feijó e princípios do Segundo Império. Depois do Ato Adicional de 1834, do qual foi um dos redatores declara: "Fui liberal; então a liberdade era nova no país, estava nas aspirações de todos, mas não nas leis, não nas idéias práticas; o poder era tudo; fui liberal. Hoje, porém, é diverso o aspecto da sociedade: os princípios democráticos tudo ganharam e muito comprometeram; a sociedade que então corria risco pelo poder, corre agora risco pela desor-ganização e pela anarquia. Como então quis, quero hoje servi-la, quero salvá-la, e por isso sou regressista" (Souza, 1957, p.202, v.5).

Em meio a todo o divisionismo que emanava das aspirações locais e regionais, o grande desafio dos governos regenciais foi manter a unidade da nação sob as rédeas de um comando, que se ideologicamente afinado em torno da política moderada, estava também fracionado: ou o poder permaneceria centralizador, como nos tempos de D. Pedro I, ou adotaria o sistema federativo, composto de províncias autônomas. O confronto entre os partidários de uma e outra idéia chegou ao auge na Regência do Padre Diogo Antonio Feijó (1835-1837), que, por esse fato, acabou rompendo com o seu grande aliado Evaristo da Veiga. A questão centralista ou separatista parece ter uma caracterização bastante diferenciada na regência Feijó e na regência Araújo Lima que, ao assumir o poder em 1837, aquiesce diante das forças conservadoras e escravocratas. Enquanto para os moderados – Evaristo, centralista e Feijó, federalista –, a problemática se definia nos limites de uma unidade nacional assentada na superação de molas mestras do estatuto colonial, para os conservadores de 1837 em diante, a adoção da política centralista e opressora definia-se pela garantia da "unidade de cultura" baseada na escravidão e no latifúndio, pela garantia do progresso na conservação.

Todo esse quadro pode ser surpreendente, inquietante pela rapidez e pelos desencontros que possa sugerir, mas não é incompreensível. Ele se elucida tanto pela formação histórica brasileira, como pelas circunstâncias internacionais que marcaram os anos que sucedem à Independência.

Por detrás de todos os fatos e armadilhas políticas montadas no cenário mal articulado e indefinido do período, a problemática não se compromete com uma abstrata discussão acerca do liberalismo no Brasil. Os liberais se faziam representar entre exaltados, moderados e regressistas, o que não significava ter convicção ou firmeza partidária, se se observar as migrações políticas, muitas vezes, por terrenos opostos. Raras foram as ocasiões em que liberalismo e conservadorismo se distinguiram, porque foram múltiplas as caracterizações, aspirações e possibilidades que a mesma entidade política carregava. Isto se deve ao fato de que o Brasil estava em processo de construção, inúmeras perspectivas podiam ser vislumbradas.

O que se quer dizer, ou melhor, o que, nessa questão específica, interessa reter da história são os elementos que, corretos ou equivocados do ponto de vista político-partidário, possam dar uma visão dos verdadeiros problemas que afligiam a época: manter ou não o abolicionismo, ser ou não favorável ao desmantelamento da entidade escravista e aristocrática, ser ou não portador do liberalismo possível para as particularidades históricas brasileiras. Tratava-se, pois, de construir uma educação que instrumentalizasse uma cultura e uma política renovadas pelas idéias dominantes da época. O recrudescimento do conservadorismo em 1837, coincidindo com a morte precoce de Evaristo da Veiga, foi também a derrota de todo um projeto civilizatório que, bem ou mal, está registrado na revista *Niterói*, esclarecendo aí os limites da sua percepção.

Nessa ambientação europeizada, Gonçalves de Magalhães, Araújo Porto alegre e Sales Torres Homem foram, aos poucos, definindo a tendência que irá, por muito tempo, balizar o conteúdo do seu pensamento. No Rio, cidade brasileira privilegiada por esse processo, mantêm um contato estreito com representantes máximos do Poder Moderador, particularmente com Evaristo da Veiga que, além de deputado de grande destaque no período regencial – amigo e depois braço direito de Feijó à frente da Regência Una (1835-1837) – foi, como se viu anteriormente, de 1827 a 1835, redator do jornal *Aurora Fluminense* e proprietário do "clube da rua dos Pescadores", uma livraria onde se vendiam as publicações européias mais recentes e onde, por isso mesmo, concentrava um grande número de freqüentadores, em geral adeptos do liberalismo político moderado, como o padre Diogo Antonio Feijó, Rodrigues Torres e estudantes como Sales Torres Homem e Teófilo Otoni.[38]

Também Francisco de Monte Alverne, conforme seu biógrafo, Frei Roberto B. Lopes, da mesma ordem religiosa franciscana daquele, "embora não figurasse como expoente nos movimentos políticos da época, havia abraçado o partido liberal moderado, ou monarquista, que tinha na *Aurora* órgão de propaganda e defesa, a cuja frente batalhavam o grande Evaristo da Veiga e muitos outros entre os quais Odorico Mendes" (1958, p.76).

A julgar pelas ligações políticas e intelectuais que mantiveram no Rio, antes de partirem para a França, é bastante provável que a viagem, incentivada e parcialmente financiada por Evaristo, ao menos nos casos de Porto alegre e Torres Homem, tenha se realizado com o objetivo de aprimorarem aquele perfil humanístico que se encontrava nas pretensões do moderado Evaristo da Veiga. E isso se realizou por meio das lições tomadas com alguns dos

---

38 Segundo Tarquínio de Souza, de Evaristo "não se aproximariam os rapazes da facção exaltada, adeptos da república e da federação e tão xenófobos que lançavam a moda dos chapéus de palha de taquaruçu, como sinal de repulsa às coisas estrangeiras. Evaristo manter-se-ia fiel ao seu chapéu redondo, e daí a alcunha dos políticos moderados que lhe ouviam o conselho" (1957, p.143, v.9).

pensadores mais importantes da Europa, entre os quais, citam-se Chateaubriand e Lamartine do Instituto Histórico de Paris, dirigido por Eugène de Monglave e do qual foram sociofundadores, além de Victor Cousin, Mme. de Staël, Almeida Garrett, em exílio político em Paris, o próprio Debret e o professor de pintura barão Antoine-Jean Gros, da Escola de Belas Artes. É provável também que durante a viagem tivessem o intuito de acompanhar de perto a destituição de Carlos X e a subida ao poder de Luís Felipe, fato entusiasticamente comemorado pelos moderados brasileiros, em razão da vitória da monarquia constitucional em detrimento da Restauração.

Nos anos de 1830, os jovens realizadores da *Niterói* saíam da adolescência, amadureciam e iniciavam uma fecunda produção intelectual que se estendeu até a década de 1870. A revista *Niterói* foi um dos primeiros resultados da sua longa e profícua carreira que atestou momentos altos e baixos, momentos de ressonância renovadora, como os encontrados na revista, e outros tantos de conformação ao espírito conservador e conciliatório que vigorou durante todo o Segundo Império.

Aquela foi uma obra juvenil de três rapazes cultos, formados e lapidados entre a capital do Estado do Brasil e Paris. Porém, nada supõe que tenham sido movidos por mero diletantismo ao realizar a publicação, nem que houvesse entre eles deslumbre irresponsável ao transmitir, em seus artigos, a necessidade de acatar idéias novas – estrangeiras – para o bom arejamento da mentalidade e da cultura brasileiras. Da revista emana um compromisso com a história do Brasil; aliás, é por meio dela que se divulga uma preocupação ainda inédita com o tempo histórico brasileiro. A passagem a seguir é bastante ilustrativa dessa sua preocupação: "O Brasil colocado noutro hemisfério, noutro continente por muito tempo fora do contato com a civilização Européia, tendo de trilhar a estrada, que a nova civilização lhe marca, de nenhum modo pode ter por presente, o presente da Europa, centro hoje da civilização... seu presente é pois o passado do centro ilustrado da Europa" (Magalhães, *Niterói*, p.31, v.II).

A publicação cumpre um papel de significativa relevância cultural e política, que, ao considerar os limites da realidade histórica do Brasil, devia igualmente ter senso dos limites de sua proposta inovadora. Essa passagem do ensaio de Magalhães sobre "Filosofia da Religião" funciona como um alerta para que os julgamentos que se fizessem *a posteriori*, considerassem não somente a forma (romântica) que utiliza para analisar e criticar a sociedade brasileira, mas fundamentalmente a realidade mesma.[39]

Foi parte ativa e reflexiva de uma realidade em construção, indefinida ainda, mas suficientemente clara nos propósitos que desejava perpetrar. Assim como o Brasil, a *Niterói*, publicada no hiato entre dois Impérios, não se propõe revolucionária, nem muito menos restauradora. É uma revista de caráter renovador, ao mesmo tempo crítica e panegírica dos temas nacionais, mas profundamente antenada com algumas das forças sociais emergentes sobretudo aquelas, como a pequena burguesia, mais identificadas com interesses urbanos, industriais, com as potencialidades de desenvolvimento do país. É, talvez, um dos últimos suspiros de um projeto modernizador, moderado e cauteloso, sem dúvida, mas fiel seguidor de algumas das consciências liberais mais argutas do processo de formação nacional.[40]

Como se pode observar, os editores da *Niterói* tiveram origens de classe semelhantes e o mesmo gosto pela formação humanista que, no geral, pretendia mostrar-se apartada das heranças coloniais. Muito provavelmente por isso, aproximaram-se dos

---

39 Esse fato não parece ter sido devidamente reconhecido pela crítica brasileira. Conforme Amora, "várias referências têm sido feitas pelos historiadores de nossa literatura, à 'Niterói – Revista Brasiliense' ... E tais referências insistem no papel desse periódico no processo de formação de nosso movimento romântico. Não digo que não basta essa insistência, de vez que é necessário ir além no estudo da significação dessa revista no periodismo nacional e mesmo estrangeiro da época, e na análise de seus propósitos e conteúdo, pois que ela, muito mais que um fator, como querem, de nosso Romantismo, então em gênese, foi um índice muito expressivo, de estilo, de um estilo de cultura, ou então como se dizia, de civilização que seus jovens redatores procuravam, não importa que com distinta, reduzida e diluível ação, introduzir no Brasil" (1964, p.103).

40 Em 1837 ocorreriam a renúncia do regente Feijó, a morte de Evaristo da Veiga e, com isto, o recrudescimento das medidas de caráter conservador, escravista e centralizador no Brasil.

mesmos homens e locais em que se debatiam idéias ilustradas e se criticavam instituições seculares, como a escravidão e a mentalidade atrasada da aristocracia agrária. Conviveram em círculos intelectuais que articulavam processos de renovação, ao que tudo indica não totalmente utópicos, mas fundamentados numa ilustração compatível com os limites das fronteiras nacionais.

TRÊS DEVOTOS, UMA FÉ, NENHUM MILAGRE 85

Melhoramentos sucessivos do Palácio de S. Cristóvão (Quinta da Boa Vista) de 1808 a 1831. (DEBRET, 1978).

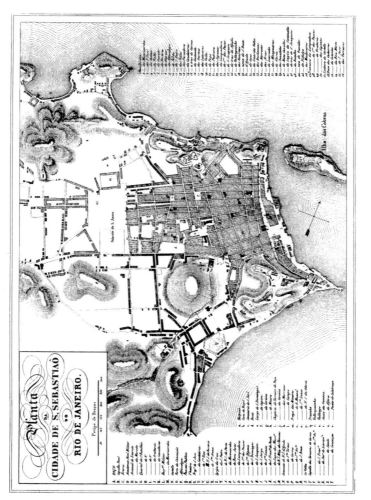

Planta da cidade de S. Cristóvão do Rio de Janeiro (DEBRET, 1978).

TRÊS DEVOTOS, UMA FÉ, NENHUM MILAGRE 87

Rio de Janeiro. Rua Direita. Banco do Brasil. (SOUZA, 1957, v.5).

Rio de Janeiro. Teatro Imperial, 1835. (SOUZA, 1957, v.8)

4 O BRASIL EM PARIS

> "À hora em que escrevo, não
> resta mais um exemplar, tanto há
> de patriotismo nesse pequeno
> grupo de jovens do Trópico que
> nossa França abrigou sob suas
> asas hospitaleiras."
> *Eugène Garais de Monglave*

O encontro definitivo dos três redatores da *Niterói* ocorre na França, após razões variadas lhes ter motivado a viagem. O tempo que passam em Paris – todos voltam em 1837, logo depois da publicação da revista *Niterói* –, complementa a formação erudita que haviam iniciado no Rio de Janeiro.

Manuel de Araújo Porto alegre foi o primeiro a embarcar rumo à Europa, mas as circunstâncias em que se desenrolaram os preparativos da viagem prenunciavam as dificuldades que encontraria na capital francesa.

O quadro que pintara em homenagem à Escola Médico-Cirúrgica foi visto e aclamado por D. Pedro, valendo-lhe, por isso, a condição de pintor da Imperial Câmara, além de promessas animadoras. O Imperador, em tom arrogante, encomenda-lhe retratos de outros membros da família real, comunicando ao jovem artista:

> A Imperatriz quer este quadro porque o julga o mais perfeito de todos, e logo que o acabares lhe virás entregá-lo; depois me hás de fazer outro, e o dela e o de meus filhos, os quais irás tu mesmo levar à minha sogra a Princesa Augusta de Leuchtemberg, residente na Baviera, e de lá partirás para a Itália ou onde melhor te convier estudar, contanto que lá não fiques. (apud Broca, 1979, p.59)

Entre o prometido por D. Pedro e o embarque, Porto alegre enfrentou alguns percalços que quase comprometeram a realização da sonhada viagem.

Seu primeiro protetor no Rio de Janeiro, o senador Antonio Vieira Soledade, volta ao Rio Grande do Sul, onde assumiu o governo da Província em 2 de agosto de 1829; Porto alegre hospeda-se, então, na casa do bispo D. José Caetano, "de quem conquistara a simpatia por lhe ter pintado alguns painéis de efeito agradável". A atribulação da mudança, entretanto, foi positiva, já que a nova residência constituía um dos principais centros da jovem e da madura intelectualidade liberal da Corte. Aí, muito provavelmente, deu-se o primeiro contato de Porto alegre com Evaristo da Veiga, Lino Coutinho, o senador Paula Souza, os Andradas, Monte Alverne, Torres Homem e Gonçalves de Magalhães.

Numa exposição de quadros de alunos da Academia de Belas Artes, promovida por Debret, seu discípulo e assistente Porto alegre recebe um prêmio na categoria de pintura e outro na de escultura. Pelo sucesso alcançado, em dezembro de 1830 requer o lugar de pensionista do Estado em substituição a Francisco Pedro do Amaral que, ao falecer, deixara vaga sua posição na Academia. O requerimento lhe daria condições de exercer atividades como professor substituto – e pensionista do Estado – que, conforme os Estatutos, "teria obrigação de freqüentar o estudo da arte a que pertencer e substituiria a cadeira no impedimento legítimo do professor". O requerimento, que levava os nomes como primeiro suplicante, de Job Justino d'Alcântara e, como segundo, de Manuel de Araújo Porto alegre , foi remetido ao diretor da Academia em 22 de novembro. A resposta foi outro revés na sua vida:

TRÊS DEVOTOS, UMA FÉ, NENHUM MILAGRE 91

Quanto à pretensão do segundo suplicante, Manuel de Araújo Porto alegre, ainda que é merecedor de ser socorrido com alguma pensão para continuar seus estudos na arte da pintura, por serem escassos os meios de sua subsistência e estar ausente de sua família, como alega em seu requerimento, contudo devo informar a V. Ex.a. que não tendo o suplicante estudado arquitetura, nem mesmo o desenho, pois se tem empregado somente na pintura, em cuja classificação o lugar de pensionista está provido na pessoa do senhor Simplício Rodrigues de Sá. (Mss. IE710, Biblioteca Nacional, RJ)

Desse documento pressupõe-se que, apesar da ascensão que experimentava nos círculos artístico e intelectual carioca, vinha sofrendo dificuldades financeiras.

A impopularidade crescente de D. Pedro, demonstrada claramente na "noite das garrafadas", em que ocorreu uma verdadeira chacina em plena via pública, com o assassinato do jornalista liberal paulista Libero Badaró no dia 20 de novembro de 1830 e na malfadada visita do imperador às Minas Gerais, prenunciava a abdicação que ocorreria três ou quatro meses mais tarde. O fato é que as promessas feitas a Porto alegre davam sinais de que iriam esboroar-se.

Desde 1816 no Brasil, e enfrentando problemas de relacionamento no ambiente da Academia, o mestre de pintura histórica, Jean Baptiste Debret, aos 62 anos, pretendia voltar à terra natal, levando consigo seu discípulo predileto, Manuel de Araújo Porto alegre.[1] As condições econômicas desse, porém, eram adversas. Os cinco mil ducados que recebera por herança paterna, havia-os emprestado ao primo José Gonçalves Lopes Ferrugem que gastara o dinheiro, pagando dívidas contraídas para casar-se.

---

1 "em fins de 1830, o interesse da Assembléia Nacional fez com que se intimasse o diretor a entregar as reclamações parciais de cada um dos professores da Academia de Belas Artes; não me foi permitido porém ver os resultados, pois, em 1831, apresentando três alunos de minha classe, que já se haviam distinguido em quadros de história, e sentindo claramente alterar-se a minha saúde, solicitei da regência autorização para regressar por algum tempo à minha pátria, após quinze anos de estada no Brasil, e obtive uma licença de três anos, posteriormente prolongada por motivos justificados. Deixei por conseguinte minha classe, a qual durante minha ausência, foi dirigida por meu assistente e aluno Simplício Rodrigues de Sá, excelente retratista" (DEBRET, 1978, p.127).

92 MARIA ORLANDA PINASSI

Ao tomar conhecimento do desejo de Porto alegre, Antonio Vieira Soledade "concede-lhe uma mesada de 20$000 fortes a ser paga na França; com o prestígio do deputado Evaristo da Veiga é-lhe organizada uma subscrição que rendeu 400$000 e com uma carta de José Bonifácio de Andrada e Silva, então tutor da Coroa, consegue passagem gratuita a bordo do navio Durance" (Macedo, 1984, p.39).

Pouquíssimos são os dados que possam clarear as circunstâncias que levaram Torres Homem e Gonçalves de Magalhães a Paris. O mais certo é que o primeiro rumou para lá na condição de adido cultural da Legação Brasileira na França; o segundo chegou a ser nomeado para a mesma função, mas, na ocasião, já se encontrava em Paris. Não se sabe, portanto, a razão precisa da sua viagem. No entanto, ambos tinham em mente aprofundar a formação humanista iniciada nos círculos intelectuais da capital brasileira. Prova disso é que Torres Homem conseguiria, então, realizar o sonho reprimido no Rio, freqüentando a Faculdade de Direito de Paris, na qual se especializa em direito constitucional, economia política e sistemas financeiros, ao mesmo tempo em que aperfeiçoa-se no estudo de algumas línguas (Blake, 1893, p.115, v.3). Gonçalves de Magalhães dedicaria particular atenção aos estudos da Filosofia Eclética,[2] por meio de Jouffroy, discípulo de Victor Cousin, aprofundando, assim, o que lhe havia sido ensinado por Frei de Monte Alverne.

Ainda no Rio de Janeiro, após receberem o diploma de médicos-cirurgiões, pensam, a exemplo de Porto alegre, em exercer o magistério na mesma escola em que cursaram a graduação. Conforme requerimento enviado por Magalhães ao Ministro do Império, verifica-se, no entanto, que desistiria da empreitada porque "tendo de ir a França, a bem de continuar em seus estudos" não poderia manter a "pretensão de ser substituto da Academia Médica Cirúrgica" (apud Alcântara Machado, 1936, p.29).

---

2 Gonçalves de Magalhães também freqüentaria a Faculdade de Direito de Paris e é provável que essa tenha sido uma das disciplinas oferecidas durante o curso.

Apesar de não vir datado, Alcântara Machado avalia que o requerimento deva ser de "meiados (sic) de 1833".

Assim, em 3 de julho desse mesmo ano, Gonçalves de Magalhães, "que jurara não trocar a terra natal pela estrangeira, embarca no velho 'Dois Eduardos'" (Ibidem).

Chega ao Havre em 11 de setembro, seguindo no dia imediato para Paris. Algumas informações sobre o percurso podem ser obtidas por meio da já mencionada "Carta ao meu amigo Dr. Cândido Borges Monteiro", publicada ao fim do volume das *Poesias Avulsas* de 1864. A Carta, escrita em verso e prosa, é bastante rica em fatos da longa travessia pelo Atlântico, assim como sobre o estado de espírito e as expectativas do poeta. Temas e inspirações se revelam na viagem, como mostra a experiência de vivenciar uma tempestade – real e figurada – em alto mar: "Isto agora sim, é que se pode chamar tempestade poética, acompanhada de trovões e raios, que é uma verdadeira imagem do inferno, segundo penso. Vejamo-la bem, para pintá-la ao vivo. Tenho-a toda na cabeça; com mais vagar a escreverei; que a sua horrenda majestade me impõe silêncio agora, e, quem sabe, para sempre. O caso é sério; já o capitão nos manda para baixo... Que dias e que noites" (Magalhães, 1864, t.I, p.361-2).

No Prefácio Literário às *Obras Completas de D. J. G. de Magalhães*, Sérgio Buarque de Holanda observa que na Carta mencionada, o jovem poeta contraria as tendências poéticas inscritas nas *Poesias* de 1832, insurgindo-se contra "as campanadas odes recheadas de Apolo e Minerva, e de um sem-número de mentiras" (Magalhães apud Holanda, 1939, p.XVII). A Carta do, até então, árcade Osmindo revela, portanto, uma disposição de romper com a poesia clássica, cuja mitologia e politeísmo lhe parecem ultrapassados e inadequados aos novos tempos. Para Magalhães, "outro deve ser o maravilhoso da poesia moderna, e se eu tiver forças para escrever um poema, não me servirei dessas caducas fórmulas do paganismo, custe-me o que custar: apesar da autoridade do grande Camões, que enchendo os seus *Lusíadas* com essas figuras alegóricas, põe na boca de uma delas a negação de sua própria existência fazendo-a dizer:

'Eu, Saturno e Jano
Júpiter, Juno fomos fabulosos,
Fingidos de mortal e cego engano:
Só para fazer versos deleitosos
Servimos...'

E eu creio que já nem para isso servem hoje, exceto em alguma composição jocosa, ou de assunto grego e romano. Talvez te pareça que este juízo sobre a Mitologia vem aqui encaixado a martelo; pois te enganas; vem muito a propósito: porque nisso penso, por causa do maravilhoso do meu futuro poema que é uma das dificuldades com que luto, e sabe Deus como me sairei delas" (apud Holanda, op. cit., p.XVII e XVIII).[3]

Segundo Holanda, "nessa revolta contra o formalismo clássico já está a essência da revolução anunciada mais tarde com o manifesto da revista 'Nictheroy' e que foi na realidade mais uma revolução formal do que outra coisa. Nas poesias iniciais de Magalhães nota-se freqüentemente a influência dos árcades; nas seguintes, o abuso dos antigos modelos leva-o a acercar-se de um 'novo maravilhoso'. Nisso está o ponto de partida de seu romantismo. A influência dos poetas franceses fez o resto" (Idem, p.XVIII).

Na ausência de informações a respeito da viagem de Torres Homem, que chega em Paris pouco antes de Magalhães, também no ano de 1833, e a julgar pelos critérios de aperfeiçoamento artístico e pessoal de Porto alegre, presume-se que Gonçalves de Magalhães era, deles, o que evidenciava uma expectativa mais clara a respeito do que viria ser o projeto renovador da cultura brasileira formulado na revista *Niterói*.

---

3 Esse dilema de Magalhães, traduzido entre os termos neoclássico e romântico, jamais seria resolvido por ele, segundo Alcântara Machado. Ao analisar a obra de Magalhães posterior à *Niterói*, mais particularmente o poema "Confederação dos Tamoios" (1856), em que detecta mais claramente o dilema, o crítico o denomina de "romântico arrependido".

O ESPECTRO DA POBREZA

A princípio, poder-se-ia dizer que o Grupo de Paris[4] se forma com base na solidariedade que deve unir jovens pobres e inexperientes em terra estrangeira. Na medida em que seus horizontes se alargam, agregam ou são agregados em relações que transcendem o caráter puramente pessoal. A composição do Grupo, no que tange a nacionalidade e a faixa etária de seus membros, torna-se heterogênea e ganha, além de expressividade intelectual, uma natureza fundamentalmente política. Ao que tudo indica, do Grupo de Paris fizeram parte brasileiros que, no auge de sua juventude e agitação espiritual, conviveram e assimilaram as lições e as experiências de portugueses e franceses que buscavam redefinir espaços novos para as suas idéias, de alguma forma setecentistas, na perturbada sociedade européia dos anos de 1830. Vejamos algumas passagens interessantes.

Porto alegre inaugurou sua estada na Europa da pior forma possível. Alojado em um quartinho cedido por Debret, que nenhuma riqueza acumulara no Brasil, não conseguiu receber a pensão concedida pelo senador Soledade e ficou sem os 600$000 que sua mãe lhe enviara por intermédio de um procurador que ficou "quebrado".

Além das aulas de pintura histórica que manteve em Paris com Debret, Manuel de Araújo Porto alegre foi recomendado pelo mestre para ser aluno do Prof. Barão Antoine-Jean Gros.[5] Em res-

---

4 Os dados obtidos para a composição do chamado Grupo de Paris, como ficaram conhecidos os brasileiros que lá se estabeleceram no início dos anos de 1830 e articularam o projeto da revista *Niterói*, são extremamente fragmentados e somente depois de recolher informações esparsas, foi possível fazer uma pequena idéia do verdadeiro significado adquirido por suas dificuldades, inquietações, objetivos e importância.

5 "Primeiramente iniciado na pintura por seu pai, um miniaturista, Gros entra em 1795 para o atelier de David, de quem será toda a vida um fervoroso admirador e cujo ensino o marca profundamente. Graças à proteção de Josefina de Beauharnais conhece em Itália Bonaparte, então primeiro-cônsul. Este acontecimento será capital para Gros, que doravante seguirá fielmente a evolução da carreira do futuro imperador, de quem vem a ser o pintor oficial desde o seu *Bonaparte na Ponte de Arcole* (1796, Museu de Versalhes), até ao *Napoleão no Campo de Batalha de Eylau* (1808, Museu do Louvre),

96   MARIA ORLANDA PINASSI

posta a Debret, o Barão se pronuncia: "Terei muito prazer em receber em meu atelier os alunos brasileiros que já tenham entendido por seu intermédio os conselhos que nos deu nosso ilustre mestre, pois eu não sei de outra maneira de ensinar além daquela que nos foi comum e insubstituível" (Gros apud Macedo, 1984, p.41-2).[6]

Não se sabe ao certo por quanto tempo Porto alegre freqüentou as aulas de Gros, já que sua situação financeira se agravava, obrigando-o a vender tudo o que possuía, incluindo vestuário, livros e peças de arte, mantendo-se com algum trabalho temporário, fazendo retratos, tabuletas e decoração. Imagina-se o sofrimento causado a Porto alegre ter que se desfazer da "biblioteca de cópias dos melhores autores de todas as escolas", formada com todo o sacrifício (Magalhães & Porto alegre, "Primeira Carta a Monte Alverne", 27.5.1832, 1962, p.13).

Para minimizar a situação foi convidado a fazer as refeições na casa de João Martins Leão, de quem se tornou amigo. Ao saber das dificuldades de Porto alegre, o "conselheiro Rocha mandou-o chamar e mostrou-se sentido de que não o procurasse, dizendo-lhe que pedisse o dinheiro que precisasse, porque o estimava e o apreciava, o que fez com que o jovem artista lhe pedisse 140 francos mensais, os quais bastavam para suas despesas" (Broca, 1979, p.60).[7] A quantia era irrisória e a continuidade da

---

passando pelo *Bonaparte visitando os Pestíferos de Jafa* (1804, Museu do Louvre). Curiosamente, nestas obras, que deviam servir para a glorificação do imperador aos olhos das multidões, sente-se que Gros está dividido entre o respeito das teorias clássicas que professava e o impulso do seu próprio temperamento..." (CLAUDON, p.86).

6   O mestre referido por Gros era o famoso pintor Jacques-Louis David (1748-1825), expoente do neoclássico e ativo participante da Revolução Francesa. "Montanhês, companheiro político de Marat, de Robespierre e de Sainte-Juste, vota a morte de Luís XVI, ao mesmo tempo que é o prodigioso encenador das grandes festas civis. Os mártires da Revolução despertam nele sentimentos que já não têm nada a ver com a teoria, onde só aparece o artista, o homem tocado nas suas amizades [*Marat Assassinado*, 1793, Museus Reais das Belas Artes, Bruxelas; a *Morte de Bara*, 1794, Museu Calvet, Avignon]" (Idem, p.71).

7   O "conselheiro Rocha" ao qual alude, muito provavelmente seria José Joaquim da Rocha, Ministro Plenipotenciário pertencente ao Corpo Diplomático do Brasil na França em 1833.

penúria o forçara a limitar-se às aulas gratuitas de arquitetura, área para a qual havia despertado grande interesse, com François Debret, irmão de Jean Baptiste.

A Porto alegre, agregaram-se, em 1833, Torres Homem e Gonçalves de Magalhães. E, em 1834, ao núcleo original do Grupo de Paris, juntar-se-iam Cândido de Azeredo Coutinho[8] e João Manuel Pereira da Silva[9], que também iriam participar do projeto e colaborar com a revista *Niterói*.

A situação de Gonçalves de Magalhães não foi muito diferente da de Porto alegre. Entre 1834 e 1835 foram amargas duas das experiências que vivenciou. Numa carta endereçada a Monte Alverne, datada de 20.9.1834, Porto alegre faz referência a um episódio particularmente desagradável que envolveu o amigo:

> Meu Padre Mestre, só a prudência do Domingos era capaz de resistir às infâmias de semelhante menino que, não por ignorância, mas de acinte as praticava; se isso tivesse sido comigo, eu tinha lhe quebrado a cabeça com um pau, porque não sofro que se me insulte

---

8 Cândido de Azeredo Coutinho foi professor "licenciado em matemáticas, lente de química jubilado da antiga escola militar, provedor da casa da moeda, do conselho do Imperador, comendador da Casa da Rosa e da de Cristo, comendador da segunda classe da ordem Ernestina da Casa do Cal da Saxônia, sócio da sociedade auxiliadora da indústria nacional e de outras associações de letras e ciências, quer nacionais, quer estrangeiras" (BLAKE, 1893, p.23, v.2). Na revista *Niterói*, contribuiu com os artigos "Astronomia – dos cometas" (p.7-34, v.I) e "Física Industrial – das caldeiras" (p.39-87, v.II).

9 João Manuel Pereira da Silva nasceu em Iguaçu (RJ) em 30 de agosto de 1817. "Depois de fazer os preparatórios, foi, em 1834, estudar Direito em Paris, onde se formou em 1838. Lá participou do grupo da revista Niterói, publicada naquela capital sob a direção de Gonçalves de Magalhães. Escreveu para o segundo número um artigo, o primeiro em que um brasileiro expôs certas diretrizes da crítica romântica. Retornando ao Brasil, dedicou-se intensamente à literatura ... Publicou imediatamente um romance e compôs poesias. Seus trabalhos iniciais saíram estampados, em 1837, no Gabinete de Leitura e no Jornal de Debates, em que procurava inspirar-se no êmulo francês ... Ingressou na carreira política: foi eleito deputado à Assembléia da Província do Rio e, depois, deputado, à Assembléia Geral do Brasil, cargo para que foi reeleito em várias legislaturas, de 1840 a 1888. Nas vésperas da queda da Monarquia, chegou ao Senado do Império. Escreveu uma obra, que o celebrizou, intitulada *História da Fundação do Império Brasileiro*, em 7 volumes" (MENEZES, 1969, p.1186).

por diante e por trás sem outra razão mais do que dar bons conselhos e quem de alguma maneira, dedicadamente, obrigar que se estude, quando se vem para isso. (1962, p.37)

Do episódio se observa que Magalhães completava o orçamento, como adido cultural, tutorando a educação de filhos da aristocracia brasileira enviados à França para estudar. A humilhação sofrida e o malfadado desenlace devem ter reforçado em Magalhães a repulsa pelos hábitos desleixados da elite dominante no Brasil.[10]

O quadro revela as dificuldades vividas por alguns dos brasileiros em Paris; com base nisso, surge a questão: como teria sido a integração deles naquela efervescente sociedade dos anos de 1830? A esse respeito, é preciso considerar que as informações obtidas se revelam econômicas, impossibilitando a composição exata dos contatos do Grupo com toda a diversidade oferecida a eles. Portanto, há aqui uma tentativa de desatar o fio de Ariadne de suas relações na França, imprimindo às situações mais uma conotação hipotética do que afirmativa.

ENTRE A BOÊMIA E A PRUDÊNCIA

Durante os anos de 1830, Paris abrigava um fervilhamento de idéias e comportamentos que iriam explodir, de fato, na década seguinte. A começar pela política ultrarreacionária de Carlos X conduzindo para as ordenanças de Julho que transferiram a Coroa dos Bourbons para a família D'Orléans: "O rei do motim, Louis-Philippe, tomou o título de rei dos franceses em 7 de agosto de 1830. Nele se pode reprovar coisas, mas à sua bonomia se acrescentava um senso familiar profundo. Ele havia lido muito, gravado na memória e sabia que encarnava a suprema chance de salvar a idéia de monarquia. O reino, aparentemente tranqüilo, foi extremamente agitado; oito atentados e motins continuados

---

10 A outra experiência desagradável remete à conflituosa relação que estabeleceu com Luís Moutinho de Lima, chefe da Legação brasileira em Paris que será relatada e comentada mais adiante.

TRÊS DEVOTOS, UMA FÉ, NENHUM MILAGRE **99**

deveriam resultar, depois de dezoito anos de reinado, numa república eloqüente e utópica" (Burnand, 1957, p.6).

O regime decorrente da Revolução de 1830 adquire o nome de Monarquia Burguesa, afastando parte da aristocracia da política e excluindo o proletariado de qualquer participação. Assume o caráter de uma ampla coalizão de grupos burgueses, rurais e urbanos, pequenos e grandes, unidos, então, pela hostilidade às políticas reacionárias dos reis depostos de Bourbon e seus partidários aristocratas. Logo a seguir, essas forças se dividem e dão origem aos partidos do Movimento, mais à esquerda, e da Resistência, conservador.[11]

O recrudescimento do espírito conservador, conduzido com competência pelo segundo grupo, abriu espaço para uma "política de reconciliação cada vez mais desenvolvida entre a Monarquia de Julho e os representantes do Velho Regime na década de 1840. Entre 1848, a chamada Monarquia Burguesa defrontou-se com uma forte e determinada oposição burguesa" (Ibidem).

O cenário da vida cotidiana, a essa época, não era muito diferente dos tempos de Luís Felipe: "Paris sufoca entre seus muros em 1786; o famoso 'burburinho' corre ao longo dos bulevares exteriores, e o pavilhão de Ledoux marca 'as barreiras'. A Madeleine até 1846 não é mais que um canteiro de obras, e os bulevares são o centro da vida parisiense. O bulevar Beaumarchais é o reino dos vendedores ambulantes, o Templo, o domínio da fantasia, do prazer e do medo. À cada porta se sucedem os teatros

---

11 "O primeiro ocupando a esquerda política, requeria direitos políticos amplos, liberdade de expressão, imprensa e de associação, ação vigorosa contra os odiados ministros de Bourbon e uma política externa intervencionista. O segundo grupo, mais conservador, resistia à mudança e preferia restrições ao debate e à organização política, um eleitorado mais restrito e nenhuma aventura externa ... O Partido do Movimento considerava uma política aberta às camadas mais baixas da sociedade em que o mundo dos pequenos negociantes se misturava àquele dos artesãos e artífices. Para eles, a qualidade de membro da burguesia ainda carregava as conotações do velho termo peuple, a grande massa dos que viviam fora do sistema de privilégios do Velho Regime. O Partido da Resistência, em contraste, conduzia uma política aberta aos poderes mais altos da vida social. Sua visão da burguesia refletia a imagem pré-revolucionária da elite urbana tradicional ocupando lugar especial em uma sociedade hierarquicamente estruturada" (SEIGEL, 1992, p.16).

100 MARIA ORLANDA PINASSI

e as salas de concerto. Todas as noites, sobre o 'bulevar do crime', o vício é punido, a virtude triunfante" (Burnand, 1957, p.6).

Examinada mais em detalhe, Paris revela um conjunto complexo de relações porque, conforme argumentavam, a nova sociedade exigia uma outra mentalidade e outras formas artísticas e literárias. É quando explode o Romantismo na França, e o modo de vida boêmio se insurge como a expressão de um conflito existente no interior dos valores burgueses.[12]

Fundamentalmente formada de jovens, parisienses e estrangeiros, vindos de todas as partes (e quanto mais exóticas essas partes, melhor eram recebidos), a Boêmia ocupava um espaço na cidade que se julgava território livre para a existência marginal e para dar vazão aos seus componentes característicos, tais como "os excêntricos, os visionários, radicais políticos, rebeldes contra a disciplina, pessoas rejeitadas por suas famílias, aqueles temporária ou permanentemente pobres" (Seigel, 1992, p.15). Entre os boêmios[13] predominava um estilo diferenciador do clássico – vigente no Velho Regime –, caracterizado por "roupas extravagantes, cabelos longos, viver o momento, não ter residência fixa, liberdade sexual, entusiasmos políticos radicais, bebidas, ingestão de drogas, padrões irregulares de trabalho, hábito de vida noturna" (Idem, p.20). Era este, enfim, o perfil dos românticos de Paris nos anos de 1830; um perfil que, além daquelas características,

---

12 "O progresso burguês reivindicava a dissolução das restrições tradicionais ao desenvolvimento pessoal; a harmonia e a estabilidade requeriam que alguns limites novos e diferentes fossem erigidos em seu lugar. Onde deveriam ser traçados esses limites? Em que ponto o cultivo pessoal deixa de ser benéfico ou aceitável para a sociedade que o patrocinou? A Boêmia expandiu-se onde os limites da existência burguesa eram obscuros e incertos. Era um espaço dentro do qual as energias recém-liberadas eram continuamente lançadas de encontro às barreiras que iam sendo construídas para contê-las, em que as margens e as fronteiras sociais eram provadas e testadas" (Idem, p.19).

13 Fundamentalmente, os problemas que atingiam a juventude parisiense eram os mesmos que afligiam a de outras nações da Europa, ou seja, a "população de todos os países europeus entrou em fase de rápido crescimento até meados do século dezoito; a cada ano crescia o índice de natalidade, tornando a proporção daqueles entre 15 e 30 anos maior do que havia sido até então. Os números dilatados exerceram pressão sobre a sociedade, pois as oportunidades de emprego – particularmente na classe média – se expandiram mais lentamente que a população" (Idem, p.28).

evitava o conforto e os adornos prometidos pela vida moderna, privilegiava como virtudes a igualdade, a liberdade e a fraternidade; idolatrava a pobreza; repudiava a política ao mesmo tempo que odiava "qualquer um que houvesse prostituído sua consciência"; primava pela aventura e pela vergonha das "doces cadeias de afeição que proporcionavam encanto à vida familiar".

Pelo que se observa, os jovens brasileiros, que encontravam em Paris esse foco de agitações políticas, intelectuais, artísticas e comportamentais, tiveram diante de si um verdadeiro manancial de prazeres condizentes com a sua idade.[14] Algumas identidades predispunham-nos ao desregramento romântico da época: pobreza, padrões irregulares de trabalho, "artistismo", desejo de renovação e, especialmente, o espírito que buscava reconciliar as necessidades da juventude e da velhice na nova ordem.

Entretanto, ainda que pudessem identificar-se com os boêmios nas condições precárias de sua existência na França, não há indícios de que essa forma de vida, tão sedutora aos jovens oriundos da pequena burguesia européia, os tenha fascinado totalmente. Ao contrário, eles parecem ter alimentado sentimentos misturados de admiração e repúdio pela irresponsabilidade e desvarios da boêmia parisiense. É o que se observa nas palavras de Gonçalves de Magalhães numa carta enviada a frei de Monte Alverne em janeiro de 1834:

> Não espere que eu fale da parte física de Paris ... Falarei do espírito literário que hoje domina esse povo tão amigo do novo. Os poetas estão aqui empenhados em explorar a mina da meia-idade, fatigados com as idéias antigas ... as novas tragédias não têm lugar fixo, nem tempo marcado, podem durar um ano e mais; o caráter dessas composições é muitas vezes horrível, pavoroso, feroz, melancólico, frenético e religioso. Os assassínios, os envenenamentos, os incestos são prodigalizados às mãos largas, mas nem por isso deixam de ter pedaços sublimes. (1962, p.16-7)

---

14 "Porque Paris era uma cidade diferente de qualquer outra, ao mesmo tempo uma capital nacional, um foco de atividades e ambições políticas e intelectuais, um centro de manufatura (baseada em métodos de atividade manual que ainda predominavam no continente antes de 1850) e o cenário de uma população de estudantes ampla e extremamente consciente" (Idem, p. 29).

Dessa mesma coleção de cartas escritas a Monte Alverne, Magalhães informa a respeito de seus estudos da filosofia: "Aqui só não estuda quem não quer, mas em abono da verdade, todas as salas que são largas e espaçosas e feitas em semicírculo, acham-se sempre apinhoadas; o grego antigo e moderno, o hebraico, o siríaco, o armênio, o turco, o indostano e quantas línguas vivas há aí vivas e mortas são aqui ensinadas. Há cadeiras só para explicar Dante, Tucídides, Voltaire, Locke etc. etc. etc. Há cadeiras para todas as ciências e para as divisões e subdivisões de todas as ciências". E, para dar uma idéia de sua tendência em acatar a filosofia eclética, diz: "O Cousin ainda está em viagem e acaba de publicar um livro sobre o ensino na Alemanha e na Prússia, obra esta de bastante utilidade; não sei se já lá chegaria a tradução de Reid por Mr. Jouffroy com notas de Royer-Collard e uma tradução de Dugald Stewart pelo mesmo e assim como a tradução de Kant que, quando as leio, me lembro do Padre Mestre.

Eu estou estudando direito e sigo um curso de Química do célebre Thénard e outro de Economia Política do sucessor de J.B. Say. Os cursos são desde manhã até a noite e de tal maneira dispostos que se pode seguir a todos porque um começa às 8 e acaba às 9, outro começa às 9 e acaba às 10 e são só duas vezes por semana, e outros uma só vez cada um e em todos os dias há mais de cinco em cada Academia" (Lopes, 1958, p.19-20).

Em relação ao estudo de Filosofia propriamente dito, Magalhães informa que "M. Jouffroy está publicando suas lições de Direito Natural; eu tenho assistido a elas e posso assegurar-lhe que são muito filosóficas; ele desenvolveu de maneira mais clara e precisa o sistema de Spinoza, assim como o ceticismo e o misticismo, ele se mostra digno sucessor de Royer Collard e ótimo discípulo de Cousin" (Idem, p.26). Neste momento, dir-se-ia que Magalhães estava completamente seduzido pelo ecletismo e essa, muito provavelmente, foi a forma pela qual enveredou nos caminhos do romantismo "sem exagero" como ele mesmo pondera: "O desejo de ser original tem impelido muitos poetas modernos à extravagância" (Idem, p.61), que o horrorizava. De alguma forma, isso demonstra que o ecletismo espiritualista e as idéias do começo do século XIX é que vão ter significativa ressonância sobre Magalhães e também, como se verá em momento oportuno, sobre demais integrantes da revista *Niterói*.

Outro fator que muito provavelmente determinou esse sentimento ambíguo, em relação aos extremos, foi a forma pela qual se inseriram naquela sociedade.

CONLUIOS PORTUGUESES

Depois da Revolução de 1830, Paris abrigava emigrados de toda a Europa, postos na clandestinidade política em seus próprios países. Em meio ao fervilhamento e à diversidade política e cultural, manifestos em clima de liberdade de expressão, Paris permitia um anonimato conveniente às articulações que se destinavam a uma volta triunfal. É o caso de portugueses que, fiéis à Constituição de 1820, tornavam-se "homens da multidão"[15] parisiense para conspirar contra D. Miguel.

Ao que tudo indica, os jovens da futura revista *Niterói*, estabeleceriam contato estreito com alguns deles que buscavam, pelas razões expostas, mais discrição do que publicidade. Tal contato veio a ser profícuo entre as idéias articuladas pelos autores da revista e parece ter sido um fator importante entre os motivos que levaram o Grupo de Paris a evitar pensamentos e ações radicais. Além disso, é preciso lembrar que, até por temperamento e formação, esses jovens carregaram para a Europa uma espécie de compromisso político com os liberais moderados e que aquele feixe de relações que se estabelecia, pode ter sido, antes, recomendado do que espontâneo. Ou seja, mesmo na França, em 1836, Portugal continuava mediando as relações do Brasil independente.

Sendo o primeiro a desembarcar em Paris, Porto alegre foi também, dentre eles, o primeiro a travar contato com Almeida

---

15 O termo é emprestado de Edgard Alan Poe que o empregou para entitular sua novela "O homem da multidão". Consultar a respeito das implicações do termo: BENJAMIN, 1985, p.39.

104 MARIA ORLANDA PINASSI

Garrett[16] que lá se encontrava em sérias dificuldades advindas do exílio político. A pobreza, portanto, parece ter sido uma das razões a estreitar o convívio entre Porto alegre e Garrett que, segundo José Veríssimo, foi o responsável pelos primeiros vislumbres do jovem pintor em relação à estética romântica: "Foi Garrett o primeiro poeta português que me fez amar a poesia porque me mostrou a natureza pela face misteriosa do coração em todas as suas fases, em todas as suas sonoras modificações" (Porto alegre apud Veríssimo, 1953, p.182). Segundo o crítico literário, é "quase certo que foi sob a influência do Bosquejo e da obra crítica e literária de Garrett que, *fazendo violência ao seu próprio temperamento*, eles entraram na corrente puramente romântica" (grifos meus).

Quando se refere ao romantismo "fazendo violência ao seu próprio temperamento", José Veríssimo quer dizer que Porto alegre, assim como os demais redatores da revista *Niterói*, pautou sua vida pelo equilíbrio, pelo comedimento, sendo seu estilo fundamentalmente clássico e comportado.[17]

---

16 Conforme carta enviada ao amigo José Gomes Monteiro, datada de 12 de julho de 1833, Garrett diz o seguinte: "Depois de uma odisséia de trabalho e viagens, estou em Paris há três meses e sempre com tenções e desejos de lhe escrever para saber novas suas, sempre tão incerto de minha persistência aqui ou em qualquer parte, que a nada me resolvia... Segundo as coisas vão, e eu justissimamente me acho proscrito pelas duas potências portuguesas, porque de uma sou inimigo, da outra não sou amigo como ela quer que a gente seja, parece-me provável que aqui me demore até à decisão de nossa causa, que bem ou mal creio não será longa..." (Garrett, 1963, p.1402). Uma possível interpretação dessas palavras, leva a crer que Garrett era inimigo do absolutismo de D. Miguel ao mesmo tempo em que, apesar de ser atraído para o grupo, não era amigo nem de D. Pedro nem daqueles que o rodeavam quando este esteve em Paris. Sua opção política neste momento parecia ter contornos mais nitidamente liberais do que aquela proposta pelo ex-imperador do Brasil.

17 "Suíças veneráveis, cabelos arrumados, óculos de aro de ouro, pose de escritório", bem diferentes, portanto, do que se poderia esperar de uma geração que tivesse assumido o romantismo que tivera ao seu dispor em Paris. Quase todos constituiriam família e viveriam dentro de princípios morais e religiosos rígidos. Foram "homens da ordem e moderação, medianos na maioria, que viviam paradoxalmente o início da grande aventura romântica e, mesmo no aceso da paixão literária, desejavam manter as conveniências" (CANDIDO, 1981, p.49, v.2).

No "conjunto ... os seus componentes são parecidos quanto à atitude social e concepção literária, avessos aos aspectos extremados, 'a falsa poesia, ou poesia anormal e exagerada, e quase poderíamos dizer do romantismo monstruoso dos nossos dias', como disse, em frases que todos subscreviam, alguém ligado a eles, o italiano De Simoni. Antes, dissera Garrett, mestre ao menos em parte de muitos deles: 'Pode o escritor exagerar-se num caráter ou noutro, nunca entrar nas regiões da fantástica e ideal natureza. Apenas o faça, mudará a índole do seu escrito'" (Candido, 1981, p.48, v.2).

Outras ligações se mostram bastante interessantes para apreender o espírito do Grupo que se formava em torno de um projeto para o Brasil, sim, e que revelam uma proximidade significativa com Portugal. Silvestre Pinheiro Ferreira,[18] eminente português que teve sua vida estreitamente ligada à história do Brasil desde a vinda da Corte para o Rio de Janeiro, é, ao que parece, um dos tantos liberais portugueses em exílio que conviveram com o Grupo de Paris.

Suas ligações com eles parece ir além das circunstâncias políticas que os ligam a Portugal, já que as afinidades filosóficas com o ecletismo de Victor Cousin compuseram grande parte de suas obras publicadas. Foi um importante interlocutor dessas idéias sobre as idéias mesmas de Gonçalves de Magalhães que, desde os primeiros contatos com a corrente eclética, ainda no Seminário São José, no Brasil, trilharia esse caminho até o final de seus dias.

Em particular, interessa verificar que, entre 1825 e 1842, Silvestre Pinheiro Ferreira adotou a França como a sua pátria, exilando-se aí por causa do golpe absolutista ocorrido em Portugal no ano de 1828.

Sua situação no país era semelhante a de Almeida Garrett que sobre a obra *Sinopse do Código do Processo Civil, conforme as leis e estilos atuais do Foro Português*, publicado em Paris pela Tipografia de Firmin Didot, escreveu comentários em *O Cro-*

---

18 Silvestre Pinheiro Ferreira muito provavelmente participou do projeto da revista *Niterói*, chegando, inclusive, a contribuir com o artigo "Idéia de uma Sociedade Promotora de Educação Industrial", p.131-7, v.II.

nista, v.II. E, assim como Garrett, Silvestre Pinheiro Ferreira encontra-se em Paris com D. Pedro, que havia se transferido para a França com toda a sua família a convite de Luís Felipe.[19]

Não existe qualquer indício de que tenha havido uma ligação mais estreita entre os brasileiros do Grupo de Paris e a corte formada ao redor do ex-imperador, mas alguns hábitos mundanos deste, adquiridos em sua especial condição de cidadão do mundo em Paris, permitiram ao menos o registro de um encontro inusitado com Porto alegre. Segundo Hélio Lobo, D. Pedro fazia longos passeios e entrava em lojas como "simples particular": "Também se aprazia de surpreender brasileiros de passagem na capital francesa ou nela radicados por algum tempo. Foi o caso de seu encontro com o então jovem Manuel de Araújo Porto alegre, a estudar Belas Artes em Paris. Conta o depois Barão de Santo Ângelo, que, estando no Bulevar das Capucines, a ver umas estampas, 'sentiu uma forte pancada no ombro, olhou e ficou atônito vendo D. Pedro I a rir-se para ele: – Que faz aqui, Sr. Araújo, pois também emigrou? Não, Senhor, vim estudar a minha arte e vim com o Senhor Debret'". E o ex-imperador, perguntando por Debret e dizendo-o homem virtuoso, teria oferecido a sua casa por hospitalidade. Além disso, "já não tinha mais emprego para lhe oferecer, mas podia deixar-lhe alguns bilhetes de banco na mão, tratando-se de um jovem baldo de recursos em terra estranha" (Broca, 1979, p.60).

Pois bem, as relações do Grupo de Paris se ampliam e ganham aspecto de alguma gravidade. Talvez tenha sido por intermédio dos portugueses com os quais conviviam que travaram contato com Eugène Garay de Monglave, francês que teria particular ressonância sobre sua estada na França e, conseqüentemente, sobre a revista *Niterói*.[20] Tendo sido ele o idealizador e o secretário-perpétuo do Instituto Histórico de Paris, foi o respon-

---

19 "Primeiro em Meudon, depois na casa da Rua Courcelles, formava-se em torno de D. Pedro uma pequena Corte, na qual figuravam não apenas Resende e Gomes da Silva, Palmela e Cândido Xavier, Lavradio e Agostinho Freire..." (SOUZA, 1957, p.1005, v.4).

20 É de Monglave a apresentação do segundo número publicado da revista *Niterói* e a comunicação do fato ao Instituto Histórico de Paris.

TRÊS DEVOTOS, UMA FÉ, NENHUM MILAGRE   107

sável pela inclusão do grupo de brasileiros como membros da instituição desde o momento de sua fundação em 1834.

Porto alegre foi o primeiro a conviver com Monglave; foi também o primeiro brasileiro a ser incluído como membro do IHP, responsabilizando-se pela apresentação e participação dos demais. Monglave veio ao Brasil[21] em 1814, antes, portanto, da Missão Artística Francesa, como oficial do Estado-Maior e diretor da Instrução Pública e, em 1819, "já está em Portugal, ao lado dos liberais, participando das lutas pelo regime constitucional".[22] De alguma forma, essa faceta de Monglave o aproximava, ideologicamente, de Garrett que teve papel relevante na Revolução Constitucionalista do Porto, sendo nomeado, ao final de 1820, "oficial da Secretaria dos Negócios do Reino e seguidamente chefe da repartição de Instrução Pública" (Saraiva & Lopes, s. d., p.706). A semelhança dos papéis e o fato de se encontrarem em Paris no início dos anos de 1830 não parece ter sido mera coincidência. Garrett vivia na clandestinidade forçada pelo exílio, no entanto, isso não o impediu de manter relacionamento com Porto alegre e demais pessoas que integravam o seu convívio, entre os quais, possivelmente Monglave que, em razão das frustrações, vivia afastado, enfim, das lutas políticas. "A revolução de 1830, levan-

---

21 O espírito inquieto e aventureiro de Monglave o fez decidir-se pela viagem ao Brasil. Havia nele uma necessidade de evasão do ambiente civilizado, como demonstram suas impressões ao chegar ao Rio de Janeiro: "A emoção que me causou o primeiro golpe de vista desta terra favorecida do céu, eu a pude sentir, mas não a posso descrever. A aurora trazia ao meu navio todos os aromas de que abunda esta terra embalsamada; uma verdura brilhante e eterna coroava o cimo das montanhas, e o sol, para nos receber, se tinha revestido de um esplendor que ele não tem na velha Europa". Ao perceber que o Rio "cheirava muito a civilização européia" dá asas a sua imaginação romântica, embrenhando-se no sertão brasileiro, a fim de conhecer, de perto, a natureza exuberante e os homens primitivos do Novo Mundo (Ver FARIA, 1967).

22 Segundo Faria, a informação fornecida por Paul Deslandres no artigo "Les débuts de l'Institut Historique (1834-1846)", *Revue de Études Historiques*, 1922 (p. 299-325), é contestada por Otávio Tarquínio de Souza no artigo "Um Brasileiro Adotivo", publicado em *Cultura, Revista do MEC*, n.3, 1939 e transcrito no v. 9 da *História dos Fundadores do Império no Brasil* (1957, p.113-21, edição de 1957). Segundo este autor, Monglave veio ao Brasil depois de 1819 e só voltou a Paris em 1823.

108 MARIA ORLANDA PINASSI

do a burguesia liberal ao poder, tira a Monglave seu campo de combate, pois a oposição agora é feita por republicanos e socialistas, ideologias que não o tentavam" (Faria, 1967, p.46).

Pressupõe-se que, entre Monglave e Garrett, tenha decorrido algum relacionamento, marcado, então, pela identidade ideológica e solidariedade. A *Niterói*, muito provavelmente, foi portadora dessas características tão fortemente entrelaçadas aos seus idealizadores, além do que permite elaborar a hipótese de que Garrett tenha sido o responsável pela apresentação de Porto alegre a Monglave. Ou o contrário, quem sabe.

Entre 1830 e 1832, Monglave vivia do salário que recebia como funcionário público, atividade a qual não conseguia se adaptar. Nos trabalhos publicados por Maria Alice O. Faria,[23] é composta uma síntese biográfica de Monglave, que explora desde o seu caráter satírico, escandaloso, difícil, profundamente determinado, passando por suas inspirações e participação nas lutas político-ideológicas dos anos de 1820. Extravasava toda essa potencialidade também como jornalista por meio, especialmente, de seu jornal *Le Diable Boiteux*. É esse jornal que tenta reabilitar em fins de 1832, "mas a oportunidade de uma nova aventura surge na pessoa de D. Pedro I, que, depois da abdicação, está em Paris reunindo fundos para iniciar sua luta contra D. Miguel. Apresenta-se ao ex-Imperador como encarregado de entregar alguns milhões, oferecidos por um anônimo. As ligações com o Brasil não tinham sido interrompidas e mesmo se haviam intensificado na década de 1820. Traduzira em 1825 a *Marília de Dirceu* e em 1829 o *Caramuru* (em colaboração com Pierre Chalas). E, em 1827, editava a *Correspondance de D. Pedro Premier, Empereur*

---

23 Em *Formação da Literatura Brasileira*, livro escrito nos anos de 1950, Antonio Candido alerta para a necessidade de um estudo que contemplasse a estada do grupo em Paris. Por sua sugestão, Maria Alice Oliveira Faria, durante quatro meses do ano letivo 1960-1961, foi a Paris justamente para empreender a tarefa de averiguar essa convivência ocorrida nos anos de 1833-1836, principalmente por meio da sua participação no Instituto Histórico. Os resultados dessa pesquisa se encontram em dois artigos publicados na *Revista do Instituto Histórico e Geográfico Brasileiro*, com o título de "Os Brasileiros no IH de Paris" (v.266, 1965) e na *Revista do Instituto de Estudos Brasileiros*, USP, denominado "Monglave e o IH" (n.2, 1967).

du Brésil, avec le feu Roi du Portugal, D. Jean VI, son père, durant les troubles du Brésil traduoites sur les lettres originales, précédée de la vie de cet Empereur et suivie de pièces justificatives" (Faria, 1967, p.46). D. Pedro não deu ouvidos aos "fabulosos milhões com que lhe acenava o missivista. Não que se tratasse de um embusteiro, ou mentiroso vulgar, mas estaria à cata de um papel na aventura a que se ia lançar o ex-Imperador do Brasil" (Souza, 1957, p.120, v.9). Ou, por que não pensar que estaria à cata de informações a respeito da situação portuguesa para Garrett, para quem o fim do absolutismo miguelista favoreceria a sua volta a Portugal?

Neste momento é que lhe ocorre voltar a ligar-se "a uma corrente de seu tempo" e fundar, "não sem dificuldade, a primeira sociedade de estudos históricos, dentro das concepções românticas – o Instituto Histórico de Paris" (Faria, 1967, p.47).

REUNIÃO DE AMENIDADES

A crítica brasileira, em geral, ignora ou minimiza a significativa ressonância que o IHP teve sobre a formação do pensamento brasileiro, a exemplo da influência que exerceu sobre o projeto e a realização da revista *Niterói*. Para além desse fato, o relacionamento de brasileiros naquela instituição teve como fruto dos mais importantes a criação do Instituto Histórico e Geográfico Brasileiro, em 1838, sendo, portanto, imperdoável a desatenção que mereceu da historiografia brasileira.

A sessão inaugural do IHP, ocorrida em 1834, contou com a presença de trinta e três membros, entre os quais, de Jouy da Academia Francesa, Alexandre de Laborde e Jomard da Academia de Inscrições, de Ampère, Bory de Saint-Vincent, Saint-Hilaire, Michelet da Academia de Ciências Morais, Andral, da Academia de Medicina, Ampère fils, historiador, o Barão d'Eckenstein, o pintor Monvoisin, amigo de Porto alegre. "Lamartine, através de uma carta, escusa-se de não poder comparecer por estar acometido de grave indisposição há oito dias" (Idem, p.17). O IHP foi organizado conforme a seguinte ordem de interesses: História Geral, História das Ciências Sociais e Políticas, História das Línguas e das Literaturas, História das Belas Artes e História da França. Essa estrutura funcionou até 1836, ano em que as áreas de estudo sofreram algumas reformulações. A partir de 1834, a assembléia aprova a publicação de uma revista que, inicialmente, se chamou *Journal de l'Institut Historique*, com a qual a *Niterói* possui inúmeras semelhanças. Em 1840, passou a chamar-se *L'Investigateur*, em 1863, *Revue de la Société des Études Historiques* e, entre 1884 e 1939, ano em que encerra suas atividades por causa da II Guerra, *Revue des Études Historiques*. A revista sofreu interrupção apenas durante a Revolução de 1848 e durante a Comuna.

Porto alegre, além de ter sido o primeiro brasileiro a fazer parte do IHP (7.6.1834), e um de seus colaboradores mais ativos, foi também responsável pela apresentação, no mesmo ano, dos seguintes membros: Gonçalves de Magalhães, Torres Homem, João Martins Leão, Frei de Monte Alverne,[24] o Visconde de São Leopoldo, Sérgio Teixeira de Macedo, Manuel de Valadão Pimentel, Antonio de Menezes Vasconcelos de Drummond, Pedro

---

24 Ao conferir as cartas endereçadas a Monte Alverne por G. de Magalhães e Araújo Porto alegre, verifica-se que incentivavam o frei a enviar um Tratado de Filosofia para ser publicado no *Journal*. "Na carta passada participei-lhe que o seu retrato vai aparecer em uma grande obra que Mr. Debret publica neste momento, no número das notabilidades do Brasil; já é um gigantesco passo para a posteridade." A obra em questão seria *Voyage Pittoresque et Historique au Brésil, ou Séjour d'un Artiste au Brésil, despuis 1816, jusqu'en 1831 inclusivement* que começou a sair do prelo da Didot em Paris no ano de 1834. A obra foi tema de comunicação no IH de Paris, resenhada tanto no *Journal* como na própria revista *Niterói* por Magalhães. A carta, datada de 22.6.1834, diz, ainda, o seguinte: "Agora lhe envio esta carta, pela qual ficará sabendo que está nomeado membro do IH de Paris; eu e o Araújo, já fomos nomeados para ele, tratamos logo de o propor. Esta sociedade sábia contém tudo que há de mais célebre em França e no mundo, como poderá ver pela lista impressa à margem da carta, que o Instituto lhe remete. Seu nome gravado nos anais desta sociedade não tem de morrer; com a posteridade firme diante dos olhos, pode agora marchar no caminho da imortalidade, em que tem colhido tantos louros ... O Padre Mestre agora responderá ao Instituto, agradecendo a nomeação; mandará também uma coleção dos sermões, que tem impresso em diferentes tempos, e peço que faça uma memória que enviará quando puder sobre o estado da filosofia no Brasil, quer sobre a influência, que ela tem exercido nos costumes, governo etc., ou sobre a maneira por que ela tem sido ensinada, disposição do espírito do povo para receber já este ou aquele sistema" (1962, p.29-30)

de Araújo Lima, Visconde de Olinda, Luis Moutinho de Lima Álvares e Silva,[25] Manuel Antonio de Araújo Abreu, Barão de Itajubá e Debret. Outros tantos brasileiros foram apresentados e aprovados pelo instituto, perfazendo um total de 48 conterrâneos que dele participaram entre 1834 e 1850; a maioria vinha das classes dirigentes e formava o que se pode chamar de *"o mundo do Império"*. Entre muitos ilustres, destacam-se as figuras do cônego Januário da Cunha Barbosa, que iria, à imagem e semelhança do IHP, criar em 1838 o Instituto Histórico e Geográfico Brasileiro,[26] Evaristo da Veiga (1835) e de D. Pedro II (1842), todos esses apresentados pelos redatores da *Niterói*.

Ainda em 1834 enviaram uma comunicação ao IHP que foi publicada no mencionado *Journal* sob o título de "Resumé de l'histoire de la littérature, des sciences et des arts au Brésil, par trois brésiliens, membres de l'Institut Historique", JIH, Première Année, Première Livraison, Paris, Août, 1834 (Faria, 1967, p.47-53). O ensaio trata de questões brasileiras com base em uma discussão sobre literatura por Magalhães, sobre Ciências por Torres Homem e sobre Belas Artes por Araújo Porto alegre, considerado por Antonio Candido como a transição entre o Parnaso de Januário da Cunha Barbosa e a *Niterói*.[27] A idéia ali defendida é a de que na nossa cultura havia "uma continuidade literária, um conjunto

---

25 Até esse momento, as relações entre ele e Gonçalves de Magalhães deviam ser amistosas.

26 "O IHGB, que não foi o único fundado tomando como modelo sua congênere de Paris, sempre recebeu as mais vivas manifestações de interesse e simpatia ... Pela leitura do *Journal* e do *Investigateur* e das atas manuscritas, depreende-se que a Agremiação brasileira era considerada uma espécie de irmã mais nova. Seja porque os brasileiros, por seu lado, se empenharam em filiar-se fielmente ao IH de Paris, enviando-lhes estatutos, diplomas, notícias etc., seja porque eram das mais amistosas, incluindo mesmo casos de velhas amizades pessoais, nenhum outro Instituto estrangeiro recebeu tantas atenções como o nosso" (FARIA, s.d., 1965, p.72).

27 O ensaio foi aclamado no Instituto Histórico de Paris, principalmente por Eugène de Monglave para quem Magalhães era *l'enfant-poète de là-bas*. A esse respeito, numa das cartas de Magalhães a Monte Alverne (22.7.1834), faz-se referência ao episódio: "O Araújo fez uma memória sobre o estado das Artes no Brasil, onde mostrou grande talento e vistas profundas na sua arte, agora parte ele para a Itália e lá o teremos para a glória da Pátria. Eu estou concluindo uma história da literatura no Brasil, desde a sua origem até

de manifestações do espírito, provando a nossa autonomia em relação a Portugal. Exprime-se de modo vago e implícito a idéia (acentuada por Denis apenas na parte relativa ao indianismo) de que alguns brasileiros como Durão, Basílio, Souza Caldas, José Bonifácio, haviam mostrado o caminho a seguir, quanto a sentimentos e temas. Bastava prosseguir no seu esforço, optando sistematicamente pelos assuntos locais, o patriotismo, o sentimento religioso" (Candido, 1981, p.12-3, v.2).

A temática escolhida individualmente por eles no referido Ensaio correspondia a sua inclusão nas classes temáticas do IHP. O histórico deles na instituição foi rastreado por Faria na pesquisa referida.

O DISFARCE "ERUDITO" DA POLÍTICA

Os anais do Instituto dão o retrato fiel dos homens e da sociedade que abrigava: "o ecletismo do início, o aspecto um tanto caótico do conjunto, que se revela no campo ilimitado que pretendem abranger – assuntos que iam desde a escolha de uma ama de leite à lógica de Aristóteles ... – passando pelas ciências, pelas artes e pelas literaturas, pela arqueologia, a geografia histórica e pela História particular ... Esse aspecto caótico terá origem também no amadorismo e na improvisação que transparece freqüentemente, apesar da atmosfera de entusiasmo, do desejo de saber, de se aperfeiçoar, de aprofundar conhecimentos que também não estão ausentes do trabalho dos societários" (Faria, s. d., p.87). Em outras palavras, enquanto alguns, como Beaumarchais, discutiam suas próprias obras, outros davam aulas sobre a estrutura da língua dos Oukofs; interessava-lhes ainda a literatura brasileira, a rabínica, o teatro romântico polonês, a geografia, as leis, o governo dos bascos e textos antigos anteriores à formação da língua francesa.

---

os nossos dias, para isto foi-me preciso entregar-me a sério estudo de algumas obras antigas que encontrei na biblioteca real (que quanto a livros portugueses é bem pobre)" (1962, p.30-1).

TRÊS DEVOTOS, UMA FÉ, NENHUM MILAGRE 113

Uma das passagens mais interessantes da pesquisa de Faria dá conta das acaloradas discussões travadas em torno da política e das ideologias da época. Pelo que consta, os grupos eram formados por intelectuais das mais variadas estirpe e postura: desde os sérios e maduros como Phillipe Bouchez e Edme Joumard até historiadores superficiais, políticos exaltados, oportunistas e jornalistas em plena militância. Dentre eles era possível constatar uma expressiva diversidade ideológica representada "desde os 'ultra' mais idosos e combativos, formados na oposição à Revolução Francesa, até os representantes da esquerda, republicanos e socialistas militantes, oponentes ferozes do regime de Luís Felipe. Todos eles não perdiam a oportunidade de defenderem suas idéias com acrimônia, engalfinhando-se em violentas discussões e traindo, assim, um dos objetivos mais importantes da Sociedade" (Idem, p.97). Ou seja, sob o pretexto de se auferir conhecimento e saber, de produzir e discutir cultura, uma regra básica se estabelecia para proibir que se tocasse em política. Tal regra acabou gerando outras tantas discussões que concluíram, enfim, pela execução intransigente do regulamento.

"Em consonância com esse aspecto, surgem outros, inevitáveis, como a ausência de espírito crítico, a vaidade e o academismo" (Idem, p.102). A título de exemplo, é registrado um caso de intervenção sobre uma atividade comum no Instituto, como leitura de resenhas, em que o aparteante condenou a opinião da obra em questão que defendia a premência da abolição da escravatura, assim como da unificação da Itália.

Entre os membros que participavam da classe de História das Línguas e das Literaturas, era expressiva a postura anti-romântica como em Nepomucène Lemercier, o padre Auger, de Jouy, Jean Drèolle, Fresse-Montval, etc. E, ainda que entre eles fosse possível verificar divergências, todos vinham de uma formação fortemente inspirada no "classicismo ultrapassado das escolas, retórico, escolástico, ligados à defesa dos antigos, além de serem gramáticos sem brilho e latinizantes de mentalidade estreita" (Idem, p.98).

Na realidade, em todas as classes, os membros participantes do IHP dividiam-se em românticos e anti-românticos, mas ao que parece, aqueles que o aceitavam, justificavam-se nas teorias e obras de Chateaubriand e Mme. de Staël, Lamartine e Victor Hugo da juventude. Ignoravam o romantismo de caráter mais revolucionário – ou o socialismo utópico, que aparecia com Saint Simon, Proudhon, Fourier. O romantismo do IHP reduzia-se, assim, a um "catecismo de moral", assim como o seu enlevado interesse pelas culturas primitivas e natureza exótica tinham, ainda nesse momento, uma forte tendência para a evasão. Essa atitude apartada da evolução do movimento romântico europeu acabou afastando nomes importantes dessa corrente, como Sénancour e Lamartine.[28]

Esse debate parece ter se radicalizado no início dos anos 1840; antes, porém, quando a convivência se mostrava razoavelmente pacífica, foi publicado o primeiro número da revista *Niterói*. Seus fundadores comunicaram imediatamente o fato ao IHP, ocasião em que Monglave,[29] sentindo-se padrinho inconteste da empresa, elabora e lê, no dia 8 de junho de 1836, uma resenha na qual lhe dedica "um longo panegírico de suas qualidades". Isso demonstra que os jovens escritores encontram no Instituto a tribuna e os interlocutores ideais para divulgar e debater suas novas idéias sobre arte, literatura, ciência, história, economia e cultura do Brasil.

Com grande possibilidade de acerto, pode-se afirmar que o intercâmbio intelectual com o IHP exerceu efeitos substantivos sobre os redatores da *Niterói*. Em primeiro lugar, porque teria sido de suma importância para eles a positiva reação dessa sociedade francesa, crivada de erudição, para com o esboço, ainda em 1834, do que seriam as idéias articuladas na revista. Em segundo lugar, pela divulgação e continuidade do acolhimento, igualmente caloroso, que os brasileiros receberam no IHP por ocasião da

---

28 Entre as páginas 98 e 101 do artigo "Os Brasileiros no IH de Paris", Maria Alice Faria nos apresenta um relato delicioso sobre a apreensão equivocada da arte romântica pelos debatedores profissionais do IH. É particularmente rica a polêmica causada por Victor Hugo, ao ousar colocar o feio em evidência, quando para os retóricos – inclusive aqueles que simpatizavam com aspectos do romantismo – o belo simbolizava de forma absoluta o ideal estético das artes. A obra que causa polêmica é o *Prefácio de Cromwell, Do Sublime e do Grotesco* que Victor Hugo publica em 1827.

29 Monglave faz a apresentação do segundo número da revista *Niterói*, mas não se tem notícia de qualquer divulgação pelo IH de Paris.

publicação da revista. E, em terceiro lugar, porque o IHP lhes proporcionou um contato direto, senão estreito, com pensadores de primeira grandeza, permitindo-lhes uma vivência das contradições do universo intelectual europeu representado no IHP, por gerações profundamente conservadoras e outras marcadas por vacilações entre as determinações do rigor clássico e a intemperança moderna.

RUSGAS

A esse respeito, é particularmente interessante um episódio que marca a convivência entre os brasileiros no IHP. Por esta época, Gonçalves de Magalhães e Torres Homem eram adidos culturais na Legação Brasileira em Paris. Dos dois, o primeiro parecia ser o que mais se deixava seduzir pelas novas idéias.

A ligação entre eles não era bem vista por Luís Moutinho, chefe da Legação, que não tinha Magalhães em boa conta. A julgar pelo Ofício de 1º de julho de 1835 que envia a José Ignácio Borges,[30] na Corte, Moutinho desconfiava das filiações ideológicas de Magalhães que, segundo ele, "desencaminhava" Torres Homem para a mesma trilha:[31]

> A geração de 25 a 40 anos, tem sido nutrida nas mais funestas doutrinas e os órgãos da Imprensa Ministerial com razão se queixa do Estado moral do País (a França). Não se pode duvidar que a indicação tem sido pervertida, os laços da obediência quebrados, e ao mesmo tempo que a *Escola Moderna* exalta sobremodo os direitos do povo, jamais defende ou sustenta os direitos da autoridade. Confesso a V. Ex.a que é com tristeza que encaro uma geração que tem recebido a sua educação religiosa dos livros de Dupey e a sua educação política do contrato social. (grifos meus)

---

30 Na época, o senador do Império, José Ignácio Borges, era ministro dos Estrangeiros da Regência do senador Diogo Antonio Feijó, sendo substituído em 3 de junho do mesmo ano pelo deputado Antonio Paulino Limpo de Abreu, Visconde de Abaeté (SOUZA, 1957, p.329, v.9).

31 Os ofícios relatados foram extraídos da Pasta "Legação Imperial em França" de nº 225/1/6, que se encontra no Arquivo Histórico do Palácio do Itamaraty, Rio de Janeiro.

A antipatia de Luís Moutinho por Magalhães dá origem a inúmeros ofícios enviados ora por aquele, na acusação, ora por esse e Torres Homem, na defesa da honra. Um dos mais ilustrativos é datado de 29 de fevereiro de 1836 que se expressa em grave tom acusatório:[32]

> Não posso mais dissimular que a causa destes embaraços tem sido em grande parte a falta de cooperação da Secretaria. Por maior que seja a minha repugnância em usar as personalidades, experimento a necessidade como homem público de prevenir V. Ex.a. que o Sr. Torres, secretário interino e um jovem adido chamado Magalhães, que apenas agora começam a sua carreira, a incitam de uma maneira que não os pode acreditar. Pertencem, principalmente o segundo, a uma escola moderna que confesso não foi a minha, para a qual a subordinação é um servilismo, a civilidade uma adulação e a oposição feita aos superiores uma virtude liberal e um feito tão glorioso que se procura obter a torto e a direito. Tenho procurado ver se essa desarmonia cessaria com o tempo e por meio da minha prudência, dando o devido desconto à mocidade sequiosa de novidades. Com efeito que interesse podia eu ter em promover mais embaraços ao meu espírito já não pouco desassossegado com meus próprios negócios. Mas o resultado desta prudência provocou um resultado contrário a meus desejos e sendo cada vez mais provocados vejo que não terei outro remédio senão dar conta de tudo a V. Ex.a. e suspender de suas funções esses dois empregados, ao menos o Adido Magalhães, antes que o contágio ganhe toda a Secretaria, ou resultem casos cuja responsabilidade se torne mais grave. Estou certo que V. Ex.a. ainda que não me conheça pessoalmente não deixará de sentir as circunstâncias em que me vejo, mas de minha parte acostumado a dificuldades na minha já longa e cansada carreira asseguro que ainda me restam forças para fazer frente à oposição de crianças e não desamparar o ponto que o Governo designou confiar-me.

Em 29 de abril de 1836, Magalhães dirige-se a José Ignácio Borges comunicando seu afastamento da Legação, por meio do ofício:

---

32 O motivo aparente para o rompimento de Moutinho com Magalhães e Torres Homem teria sido causado durante um período de afastamento daquele para a Itália, por problemas de doença. Nessa ocasião, Torres Homem assumiu a chefia da Legação e, segundo Moutinho, esse teria tomado decisões à sua revelia. (Ver a respeito, Ofício de 26.2.1836 enviado por Torres Homem ao ministro Alves Branco, no Brasil. Arquivo Histórico do Palácio do Itamaraty).

TRÊS DEVOTOS, UMA FÉ, NENHUM MILAGRE 117

> Tenho a honra de dirigir-me respeitosamente a V. Ex.a. para participar-lhe que, tendo ocorrido vários fatos nesta Legação vejo-me na triste necessidade de não poder continuar a servir debaixo de ordens do Ex.mo. Sr. Luís Moutinho de Lima, pelo que peço a V. Ex.a. haja por bem remover-me para outra Corte, ou decidir da minha posição como V. Ex.a. julgar mais justo em sua sabedoria. Certificando a V. Ex.a. que em todo tempo que tive a honra de servir nesta Legação, nunca faltei aos meus deveres, nem ao respeito com meu chefe.

Torres Homem, insatisfeito com a decisão tomada contra Magalhães, resolve, então, demitir-se, dirigindo ele mesmo um ofício ao Ministro dos Estrangeiros no Brasil:

> Havendo ocorrências graves sobrevindo nesta Legação, dirige-me a Ex.mo. Sr. Mouttinho, pela autorização que me concede o Regimento, a fim de fazer-lhe respeitosamente a representação, cuja cópia (nº 1) tenho a honra de transmitir a V. Ex.a. Aproveito-me da ocasião para remeter igualmente a 2a. via da cópia (nº 2) da outra representação que já levei ao conhecimento de V. Ex.a. com data de 25 de fevereiro. Os fatos nela contidos sendo de verdade rigorosa e absoluta me dispensam de acompanhá-los de desenvolvimento algum: eu deixo com confiança à justiça e alta sabedoria de V. Ex.a. a tirar deles as ilações convenientes, limitando-me unicamente a declarar à V. Ex.a. que apesar da minha boa vontade e de todos os meus esforços, me é de todo impossível servir com o chefe desta Legação.

O desenlace acabou por inviabilizar a permanência de ambos na Europa e, para aquilo que mais interessa a esse livro, inviabilizou a continuidade da revista *Niterói*. É o que se supõe da Observação Final, publicada na última página do segundo volume:

> Anunciamos ao público com mágoa e pesar, que vai ser interrompida a publicação desta Revista por motivos superiores e independentes dos seus Redatores. Não podendo tão árdua tarefa ser sustentada por uma só pessoa, e tendo sido separadas aquelas que a esta empresa se voltaram, impossível é o continuar. Esperamos contudo que, no seio do nosso país, reunidos, se nada houver que se oponha ao nosso ardente desejo de vermos o nosso país marchar na estrada da civilização e do progresso, que parece hoje obstruída, continuaremos a sacrificar os nossos estudos em proveito do país, sem esperança de outra recompensa que a satisfação de havermos lançado uma pedra para o edifício da nossa ilustração...

118 MARIA ORLANDA PINASSI

Pelo que indica, a "Observação Final" foi redigida por Araújo Porto alegre que não podia, sozinho, sustentar a "árdua tarefa" de continuar publicando a revista sem a colaboração de seus companheiros, alijados da Legação e das condições econômicas para manterem-se na Europa. Não foi passivamente, entretanto, que aceitaram o fato. Quase que simultaneamente, Gonçalves de Magalhães e Araújo Porto alegre se vingam do desafeto. Magalhães imprime um folheto contendo uma sátira denominada "Episódio da Infernal Comédia, ou Viagem ao Inferno", datado ainda de 1836, portanto, confeccionado em Paris, e dado como "impresso no Inferno, rua do Fogo, canto do Sabão"; traz prefácio e notas em prosa, provavelmente de autoria de Porto alegre (Alcântara Machado, 1936, p.35). Para usar a paródia, este último "inferniza" a vida do chefe Luís Moutinho com a história de um quadro que pintara[33] em 1834 e que fora entregue à Legação para ser enviado à Corte, mas que nunca chegara ao seu destino. Quando de sua volta ao Brasil, em 1837, Porto alegre faz a queixa por meio de jornais, chegando a informação imediatamente aos ouvidos de Luís Moutinho que seria o responsável direto pelos objetos enviados da França à Corte. O episódio rendeu-lhe muitas "dores de cabeça" e favores solicitados a vários agentes brasileiros na Europa até encontrá-lo finalmente.

O episódio é importante porque, de um motivo aparente, surgem divergências de natureza ideológica entre eles. A razão alegada pelo chefe da Legação Brasileira para as suas acusações, ou seja, a filiação de Magalhães e Torres Homens à "escola moderna", provavelmente originara-se em opiniões políticas opostas que emergiram durante a convivência entre o Grupo de Paris no Instituto Histórico, reduto das idéias mais articuladas da França.

Com isso, espera-se fechar o círculo das prováveis influências que se exerceram sobre Gonçalves de Magalhães, Porto alegre e Torres Homem. O espectro é bastante amplo e abrange desde os

---

33 O quadro representava a Câmara dos Deputados de 1830 prestando o juramento na Capela Imperial e, segundo consta, deveria ser enviado a Evaristo da Veiga (Extrato de uma carta de Sérgio Teixeira de Macedo, Secretário da Legação, em resposta à antecedente enviada por Luís Moutinho, datada de 23 de setembro de 1837, Arquivo Histórico do Palácio do Itamaraty).

poemas de Basílio e Durão, a historiografia de Ferdinand Denis, a eloqüência de Monte Alverne, o liberalismo de Evaristo da Veiga, o ecletismo de Victor Cousin, o cristianismo de Chateaubriand, passando pelos limites formais do romantismo de Garrett e Mme. de Staël, que possivelmente os iniciou no idealismo alemão, até a convivência com o ambiente atribulado e fracionado entre velhas e novas idéias do IHP. Têm-se, enfim, os elementos fundamentais para a apreensão da proposta e do pensamento da geração que se fez representar, expressar por meio da revista *Niterói*.

Gavarni desenhou essas mulheres "na moda", com seus vestidos frufrus de inúmeras rendas e fitas. (BURNAND, 1957).

A moda feminina em 1830: modelos oferecidos às leitoras do *Diário das Mulheres*. (Carnavalet), Photo Hachette. (BURNAND, 1957).

TRÊS DEVOTOS, UMA FÉ, NENHUM MILAGRE 121

A decoração dos cafés era invariável, a moça do caixa bem penteada, entronizada ao lado das cafeteiras com longos bicos, as mesas redondas de mármore; sem esquecer dos velhos freqüentadores (BURNAND, 1957).

Os inconvenientes da caminhada. (Coleção de Mme. Macelle Guiot.) Photo Hachette. (BURNAND, 1957).

Louis-Philippe parece ter sido muito sensível à mordacidade com que o atacavam, em particular os que desenhavam seu rosto em forma de pêra. (BURNAND, 1957).

Os decretos haviam desencadeado a sublevação do povo de Paris, e em 28 de julho de 1830, rudes combates aconteceram na rua Saint-Antoine. (BURNAND, 1957).

TRÊS DEVOTOS, UMA FÉ, NENHUM MILAGRE   125

Quadro histórico de Porto alegre, representando D. Pedro I entregando o Decreto de Reforma da Academia de Medicina, ao Diretor, em presença de toda a Congregação, pintado em 1830. (Extraído do livro *Educação Superior no Brasil*, do Prof. Ernesto de Souza Campos) (ANTUNES, 1943).

Retrato de D. Pedro I, feito por Araújo Porto alegre, em 1830. Atente-se para o esplendor do fardão, das dragonas e condecorações e para a viveza do olhar do soberano. É um dos mais belos retratos de D. Pedro I e está no Museu Imperial de Petrópolis. (ANTUNES, 1943).

Jacques-Louis David. *O rapto das Sabinas*, 1796-1799. (CLAUDON, s. d.).

Jacques-Louis David. *Auto-retrato*. (CLAUDON, s. d.).

Antoine-Jean Gros. *Batalha de Aboukir*. Pormenor. (CLAUDON, s. d.).

5 CIVILIZAÇÃO DE ARRABALDE

> "Os louros de um Poeta não têm
> brilho aos olhos de um povo de
> escravos, para quem só vale o ouro."
>
> *D. J. G. de Magalhães*

Ao seguirem para a Europa, Gonçalves de Magalhães, Porto alegre e Torres Homem carregaram consigo senão uma formação apurada, uma base intelectual predisposta à erudição e à avidez de atualidade e refinamento.[1] Mesmo tangidos à pobreza, lá realizaram alguns dos sonhos acalentados ainda no Rio de Janeiro, sonhos esses prejudicados pelos limites da realidade provinciana e atrasada.

Desgarrado da vigilância paterna, que o impelia ao pragmatismo da carreira médica, Gonçalves de Magalhães aprofundou seus conhecimentos filosóficos, iniciados no Seminário São José

---

1 Pelo que se observou anteriormente, Gonçalves de Magalhães, já na viagem, manifesta, em carta enviada ao amigo da Faculdade de Medicina, Cândido Borges, uma franca disposição à mudança do enfoque literário bebido, até então, nas temáticas e recursos neoclássicos, tão importantes à formação intelectual brasileira desde os movimentos academicistas do século XVIII. A esse respeito, consultar CASTELO, 1967.

com Frei de Monte Alverne, freqüentando os cursos de Jouffroy, discípulo de Victor Cousin; o impulso religioso e espiritualista foi reforçado com estudos de Chateaubriand. Porto alegre pode, por meio das orientações do mestre Debret, a quem seguiu e deveu a motivação da viagem, requintar os métodos e técnicas na pintura com o Barão de Gros, discípulo do famoso neoclássico David. Torres Homem, cujas circunstâncias materiais impediram seu deslocamento para São Paulo ou Olinda, únicas cidades brasileiras a sediar faculdades de Direito, cursa, enfim, as artes jurídicas, especializando-se em Política Econômica e inspirando-se, sobretudo, nas idéias de Jean-Baptiste Say.

A ligação com Almeida Garrett, assim como a leitura de sua obra *Bosquejo da história da poesia e da língua portuguesa* (1826), estimula-os ao estudo dos românticos alemães, decodificados e divulgados na França por intermédio da obra *De l'Alemagne* (1810) de Mme. de Staël.[2] Mas, é particularmente importante a influência das obras *Du Vrai, du Beau et du Bien* (1817-1818) e *Cours de Philosophie, Introduction à l'histoire de la Philosophie* (1828), ambas de autoria de Victor Cousin, nas quais divulga suas impressões a respeito do idealismo alemão. Na revista *Niterói* comparecem, ainda, para inspirar e reforçar a necessidade de se fundar no Brasil uma literatura verdadeiramente nacional, os seguintes autores: Friedrich Bouterwek, *Geschichte der portugeisischen Poesie und Beredsamkeit* (*História da poesia e da eloqüência portuguesa*, Göttingen, 1805, 412 p.), Sismonde de Sismondi, *De la littérature du Midi de l'Europe*, (Paris, 1813, v.1, 583p. e v.2, 707 p.) e Ferdinand Denis, *Résumé de l'histoire littéraire du Portugal, suivi du Résumé de l'histoire Littéraire du Brésil* (Paris, 1826).[3] O

---

2 "Depois de 1820, adquire A. Garrett, por suas leituras de Schlegel, algumas noções do que viria a ser o romantismo; adota as idéias de Mme. de Staël sobre o drama e a literatura como expressão da sociedade" (*La era romântica – El romantismo en la literatura europea, la evolución de la humanidade*, Sección cuarta, t.CXXI, TIEGHEN, 1958). Além de Garrett, Bouterwek e Sismondi também irão ser influenciados por Madame de Staël, "a papisa a que os três prestaram obediência" (CÉSAR, 1978, p.XXI).

3 A citação que se faz a seguir do artigo "Ensaio sobre a Literatura do Brasil" de Magalhães indica que ele reconhece as contribuições de tais autores, mas também ressalta os limites de seus trabalhos: "Aqueles, que alguns lumes de

bonapartista desiludido Eugène de Monglave os apresenta ao Instituto Histórico de Paris e, se aí não conviveram diretamente com as máximas expressões do pensamento francês, ao menos ouviam falar e debatiam suas idéias.

A difusa realidade brasileira mantinha-se como referência essencial às suas conjecturas; a atualização das informações sobre ela dava-se por meio da troca de correspondências e contatos pessoais que jamais deixaram de estabelecer com parentes e amigos brasileiros.[4]

O Grupo de Paris era constituído de jovens com formação bastante diversa, mas toda calçada, ao que parece, na solidez circunspecta de estudos neoclássicos. Todos jovens ligados a idéias, homens e posturas não exatamente jovens: ainda que atentos às circunstâncias históricas tocantes à década de 1830, seu referencial teórico remetia-se aos princípios do século, ainda não totalmente marcados pela melancolia e pela decepção da modernidade, mas já impregnados de intenções ideológicas. Isso se explica com base

---

conhecimentos possuem sobre a Literatura Brasileira sabem, que mesquinhos e esparsos são os documentos que sobre ela consultar-se podem. Nenhum nacional que nós conheçamos ocupado se tem hoje com tal objeto. Dos estrangeiros, MM. Bouterwek, Sismonde de Sismondi e Ferdinand Denis alguma coisa disseram. O primeiro apenas conhecia Cláudio Manoel da Costa, de quem alguns pedaços apresenta, o segundo inteiramente pauta-se sobre o primeiro e a menção que faz de alguns Brasileiros fora mesmo excluída do plano de sua obra sobre a Literatura do Meio Dia da Europa, se nela não entrasse como um apêndice à história da Literatura Portuguesa. No *Resumo da História Literária de Portugal e Brasil*, por M. Ferdinand Denis, posto que separadas estejam elas, e por ventura mais extenso desenvolvimento esta última ofereça, contudo, basta uma vista d'olhos para ver-se que ainda longe está de ser completa, servindo apenas para dar uma idéia a estrangeiros. Eis tudo o que sobre a Literatura do Brasil se tem escrito; e se por isto só nos guiássemos, na impossibilidade em que ficaríamos de nada podermos ajuntar, teríamos preferido o traduzir, o que de bem pouca monta fora para a história" (*Niterói*, v.I, p.135-6).

4 "As comoções da Pátria, longe de me augurarem mal, ao contrário me dão o pressentimento de um futuro brilhante; as nações como os homens necessitam de experiência, uma torrente de vicissitudes forma quadros comparativos, e destes grandes resultados." Essas palavras, registradas na carta que Porto alegre envia ao seu "amigo e político" Evaristo da Veiga, em 8 de maio de 1834, atestam preocupação e esperança com os destinos da marcha brasileira rumo aos novos tempos (apud ANTUNES, 1943, p.66).

no anacronismo relativo da sociedade brasileira em relação à européia. Por isso, nada de excessos ou pensamentos radicais, nenhuma atitude desenfreada ao modo do byronismo, nem qualquer alusão ao socialismo utópico de Saint Simon ou Fourier, cujas idéias transpunham-se para uma realidade muito além da que pretendiam atingir. Não estava no seu horizonte criticar, propor fugas ou alternativas reformistas, nem muito menos superações revolucionárias ao mundo burguês; para aqueles brasileiros, o momento impunha a construção da instituição social do valor de troca. Portanto, enquanto a Europa vivia a desilusão de suas experiências, a revista *Niterói* vislumbrava um futuro com visível entusiasmo pela possível formação do Estado monárquico-constitucional, pela composição da indústria e do trabalho livre e, sobretudo, pela incorporação da mentalidade cristã no Brasil.

A revista *Niterói* limitou-se a apenas dois números publicados, ambos, no mesmo ano de 1836, mas, pelo tom lamentoso com que os editores encerram suas atividades, presume-se que pretendessem dar-lhe prosseguimento:

> Anunciamos ao público com mágoa e pesar que vai ser interrompida a publicação desta Revista por motivos superiores e independentes de seus redatores. (*Niterói*, p.261, v.II)

Coincidência ou não, o fato é que a revista ilustra o fechamento de uma fase que foi, pelo que se alega, precocemente abreviada; a fase juvenil de suas vidas, marcada pela rebeldia possível à sua mentalidade circunspecta, pelo ensaísmo político, pela indefinição social, pela penúria material; uma fase que finda até mesmo porque faliam seus motos propulsores. Evaristo da Veiga, o mentor mais influente da revista *Niterói*, encerra suas atividades jornalísticas em 30 de dezembro de 1835 por meio de um artigo de despedida publicado no número 1136 da *Aurora Fluminense*.[5] Em 4 de maio de 1837, após longos meses de discordâncias com a condução política de Feijó, rompe definitivamente com ele e retira-se da cena política. Segundo Tarquínio de Souza, "a grande esperança se transformara em grande desen-

---

5 O jornal voltaria a circular somente em 1837 sob nova direção.

TRÊS DEVOTOS, UMA FÉ, NENHUM MILAGRE 133

gano, em cruel decepção. Um belo sonho se desfizera". No dia 12 do mesmo mês de maio, Evaristo morria[6] de males epidêmicos e, em 19 de setembro, Feijó renuncia. O liberalismo moderado, sustentado num agrupamento político sem claros portadores sociais,[7] esfacelava-se inteiramente.

Ainda que não transpareça qualquer sentimento melancólico ou depressivo, a revista *Niterói* foi produto da crise – e das últimas esperanças daquele "belo sonho". Se a publicação tivesse continuado e mantido fidelidade ao espírito crítico – o que não é provável visto o costumeiro amoldamento da intelectualidade brasileira ao poder e a própria trajetória de seus jovens redatores após voltarem ao Brasil –, a revista teria tido motivos bem mais graves, que não os alegados, para interromper suas atividades. O que se pretende dizer é que por mais mesquinhas e corriqueiras que tenham sido as razões de seu fechamento – rusgas com o chefe da Legação Brasileira em Paris, Luís Moutinho de Lima –, essas razões prenunciaram outras. O fato é que do efêmero surgiu um projeto que imprimiu à revista alguma coerência interna, alguma criticidade e densidade intelectual, bastante diferente do tom ora panfletário, ora panegírico de boa parte dos periódicos brasileiros da época. Tal proposta é anunciada já na apresentação da revista:

> Há muito reconheciam eles [os brasileiros] a necessidade de uma obra periódica, que, desviando a atenção pública, sempre ávida de novidades, das diárias e habituais discussões sobre coisas de pouca

---

6 A morte de Evaristo foi recebida com grande comoção pelos editores da *Niterói*, conforme atesta um relato da volta de Porto alegre ao Brasil: "Ao entrar na Barra, no dia 14 de maio de 1837, recebi a fatal notícia da morte de Evaristo Ferreira da Veiga, que havia falecido três dias antes. O solo de sua pátria foi banhado com suas lágrimas e a terra de suas esperanças lhe parecem um deserto, pois nela havia perdido os seus maiores amigos: o precipitado Evaristo, o senador Soledade e o Bispo do Rio de Janeiro" (apud ANTUNES,1943, p.93). E, ainda, "Gonçalves de Magalhães, Paula Brito, Porto alegre, em versos de ressaibo romântico, procuraram marcar o sentido de sua ausência definitiva" (SOUZA, 1957, p.186, v.2).

7 O liberalismo moderado, ao tempo da Regência Feijó, evidenciava-se como uma opção política das camadas médias urbanas, ainda pouco expressivas no cenário social brasileiro.

utilidade, e o que é mais, de questões sobre a vida privada dos cidadãos, os acostumasse a refletir sobre objetos do bem comum, e de glória da pátria. (*Niterói*, v.I, Ao Leitor)

Um provável retrocesso político não parecia estar nas previsões feitas pelos jovens editores. Fazendo coro às críticas que Evaristo desferia contra os vários ministérios montados por Feijó, Torres Homem se insurge contra a política econômica do ministro da Fazenda, Manuel do Nascimento Castro e Silva, relativa a empréstimos contraídos pelo governo para manobrar as duas guerras civis: a dos Farrapos (RS) e a dos Cabanos (PA). O artigo "Reflexões sobre o Crédito Público", no qual vem inscrita essa crítica, foi publicado no segundo volume da revista *Niterói* e, antes de desanimar ante a dissolução do governo Feijó, deposita esperanças numa nova Regência:

> Apesar das dívidas, apesar da crise do papel moeda e do cobre, apesar da submersão de grande parte dos seus fundos no horroroso golfo da costa da Guiné, apesar do desânimo, da incerteza e do terrível ceticismo político, que hão até aqui trabalhado o espírito do país, e que devem felizmente cessar com a eleição do novo Regente, cujos precedentes constituem uma bela garantia do futuro, ao fim apesar de todos os obstáculos, o Brasil tem marchado, porque possui uma dessas organizações atléticas e felizes que de todos os males triunfam. (*Niterói*, p.133, v.I)

A fragilidade da instituição política no poder, apartada de qualquer dimensão real, não resistiu às pressões da base escravista da produção representada na Câmara e no Senado. O espaço político volta, enfim, a convergir com a mentalidade dominante, fazendo recrudescer a "submersão de grande parte dos seus fundos no horroroso golfo da costa da Guiné". O conservantismo destrona a indefinição pequeno-burguesa de Feijó e Evaristo, redefinindo a condução política da última Regência e do Segundo Império.

A volta dos redatores da *Niterói* para o Brasil abre-se para uma nova e bem mais longa fase que, paulatinamente, se modula pela conformação ao espírito vigente entre as elites dominantes do país. O mérito da *Niterói* foi ter tocado no ponto nevrálgico da sociedade brasileira do século XIX – a mão-de-obra escrava – e de ter construído suas críticas, idéias e reflexões a partir daí. Foi o ápice e o ocaso de um abolicionismo abortado, iniciado por José Bonifácio, que sucumbe pela absoluta falta de sustentação social, de agentes passíveis de sensibilização, incapazes de dar à idéia qualquer condução prática.[8]

LUZ SEM REFLEXO

As dificuldades em manter a unidade nacional, falaciosa e superficial ante a mentalidade localista da sociedade brasileira, acabaram por justificar o caráter centralizador/autoritário do Estado após 1822. Muito embora a unidade nacional garantisse o estatuto independente da nação contra as investidas portuguesas pela recolonização, era também a unidade mantenedora do escravismo e do latifúndio, da inapetência pelos valores burgueses, impondo, em contrapartida, uma imensa barreira à penetração das condições universais do capitalismo no Brasil. A formação da nacionalidade brasileira, portanto, cria um paradoxo na medida

---

8 "Manifestaram-se favoráveis à emancipação dos escravos alguns líderes da geração da Independência, como José Bonifácio e Maciel da Costa, homens formados em contato com a cultura européia, no convívio das teorias da ilustração e do liberalismo. Familiarizados com as doutrinas dos economistas clássicos, acompanhavam com interesse os debates que se travavam no Parlamento britânico a propósito da questão do tráfico e da escravidão. Em 1811, Hipólito da Costa, escrevia no *Correio Brasiliense* que a escravidão era contrária às leis da natureza e às disposições morais do homem e sugeria que se substituísse o escravo pelo imigrante. Maciel da Costa em 1821, José Bonifácio em 1823, José Elói Pessoa da Silva em 1826 e Burlamaque alguns anos mais tarde, denunciaram os malefícios e inconvenientes do sistema. Diziam que o trabalho escravo dava rendimentos inferiores ao livre, inibia o processo de industrialização, aviltava a própria idéia de trabalho. Proclamavam que a escravidão punha em risco a segurança nacional, dividia a sociedade em grupos antagônicos, gerava o regime da violência, degradava os costumes, corrompia a sociedade, era, enfim, responsável pela instabilidade das fortunas e abastardamento da raça portuguesa. Insistiam ainda no aspecto moral da questão dizendo, que a escravidão contrariava as leis da moral, o direito natural e os preceitos do Evangelho. Nem todo o pessimismo do quadro traçado, nem toda a eloqüência com que alguns se referiam aos males da escravidão conseguiram impressionar a coletividade. As classes senhoriais permaneciam surdas àqueles arrazoados" (COSTA, 1979, p.138-9).

em que não coincide, materialmente, com a formação da sociedade burguesa. Ao contrário, então, de "outros países" para os quais o "despertar da burguesia configura uma parte necessária da criação e a consolidação da unidade nacional", no Brasil, ela é presa de um liberalismo constitucional – refém da esfera estritamente política – que não poderia dar qualquer solução democrática aos problemas nacionais.[9]

Margeando ou vivendo à sombra dessa sociedade escravista, setores pequeno-burgueses vão surgindo no cenário social das cidades brasileiras que seriam "menos fruto da expansão do mercado interno e mais reflexo da expansão do mercado internacional e do desenvolvimento da economia de exportação de produtos tropicais destinados aos mercados europeus e americano do norte e setores subsidiários..." (Costa,1979, p.200).

Não se pode dizer que essa pequena burguesia constituía, na época, uma classe social já definida, mesmo porque aquelas outras, nas quais se realiza, não existiam no Brasil. A pequena burguesia florescia à sombra da estrutura burocrática do Estado mantenedor da escravidão. Eram raros ou inexistentes os casos em que ocupava lugar na produção, quando muito em pequenos comércios.

Conforme Torres Homem, as causas desse florescimento das camadas médias no Brasil, tragicamente marcado pela volubilidade do emprego público e pela solidão, não são devidas propriamente a elas, mas aos recuos e mesquinharias da sociedade escravista:

> O rico lavrador envia o filho estudar nas capitais ilustradas não ciências, que relação tem com a agronomia, e lhe prestam indispensáveis luzes, mas sim aquelas, a que prejuízos, e o desprezo da indústria sabem dar verniz de aristocracia. Para que o mercador

---

9 A cisão entre a esfera política liberal e a base social escravista leva a pensar que no Brasil se reproduz, em escala ampliada, a destinação antidemocrática da Alemanha. "Engels comparou uma vez a evolução francesa e a alemã desde os começos da unidade nacional da democracia burguesa. E chega a conclusão de que em cada época e para cada problema histórico os franceses têm encontrado uma solução progressista e os alemães uma solução reacionária" (LUKÁCS, s. d., p.54).

TRÊS DEVOTOS, UMA FÉ, NENHUM MILAGRE

dedique o filho ao seu próprio estado, é mister que inteiramente desvalido seja dos meios de fortuna; na hipótese contrária, as escolas de S. Paulo e Olinda o aguardam. Se destas classes volvemos àquelas que vivem entre a pobreza e a riqueza, não deparamos com menor aversão para as profissões industriais, e nem menos gana dos empregos públicos, empregos que em muitos casos não podem rivalizar em lucros, com os que prometem a mais tênue e modesta indústria, a qual além disso nenhum sacrifício requer da independência individual, entretanto que os empregos públicos (digamo-lo de passagem) o mais das vezes implicam como condição de sucesso, e de duração o ministerialismo sistemático, espécie de antropomorfismo, singular espécie de culto, que não tem superstição, que não tem fanatismo, porque muda de dogma, quando o ministro muda de sistema, religião de medo para uns, de respeito para outros, e de abdicação de liberdade para muitos". (*Niterói*, p.79-80, v.I)

Até por uma questão de sobrevivência, Torres Homem ressalta aquele caráter indefinido das classes médias, para evidenciá-las como aliadas das boas ou más causas, dependendo do ambiente no qual atua. Advoga em causa própria, já que seriam destas camadas as suas mais imediatas[10] origens e as dos companheiros da *Niterói*. Isso leva a pensar no seguinte: se o movimento romântico europeu foi caracteristicamente pequeno-burguês[11] os redatores da *Niterói* estariam reproduzindo algumas das características sociais da intelectualidade européia. O que, entretanto, os diferenciava daquela, tendo em vista os problemas históricos específicos do Brasil?

Na medida em que se empenhavam na sensibilização do público leitor em relação aos elementos fundantes da universalidade burguesa, a velha aristocracia agrária seria, no máximo, parte do seu alvo crítico e persuasivo, jamais demandante de suas idéias

---

10 Imediatas porque, na verdade, as camadas médias eram bastante recentes, o que torna provável que suas origens mais longínquas estejam relacionadas com famílias de tradição rural, seja na casa grande, seja na senzala.

11 "A 'classe média' é o modelo social dos românticos e o seu público, mas tende a decompor-se em camadas instáveis e dispersas. Assistimos à formação de novas elites intelectuais que tendem a viver sobre si mesmas, desligando-se dos gostos e os interesses da massa que alimentara a literatura romântica." (SARAIVA, LOPES, s. d., p.687)

138   MARIA ORLANDA PINASSI

modernizantes. Quem, então, estaria recrutando seus préstimos intelectivos? Um punhado de políticos ilustrados e isolados no centro das decisões políticas? Ora, o Estado, nem mesmo enquanto forma de representação estritamente política – esvaziado que estava, na regência Feijó, de conteúdo social – conseguia contornar a superficialidade de sua "hegemonia".[12]

Disso se conclui que Gonçalves de Magalhães, Porto alegre e Torres Homem, oriundos de uma classe social indefinida, formavam uma categoria intelectual que idealizava (teorizava) as classes fundamentais do capitalismo, como elementos essenciais e redentores da pátria prisioneira do escravismo e do atraso, mas, a princípio, sem qualquer laivo ou vínculo com a base social concreta.

À SOMBRA DE BONAPARTE

De toda a revista *Niterói* emana uma grande simpatia pela França, nação que adotava para, de alguma forma, substituir Portugal:

> Com a expiração do domínio Português, desenvolveram-se as idéias. Hoje o *Brasil é filho da civilização Francesa*; e como Nação é filho desta revolução famosa, que balançou os tronos da Europa, e *repartiu* com os homens a púrpura e o cetro dos Reis. (*Niterói*, p.49, v.I, grifos meus)

O emprego do verbo *repartir* e não *romper* tem um amplo significado, pois parece negar a fase aguda da Revolução Francesa, fase em que a burguesia compõe com o proletariado e o campesinato contra a nobreza. Sua referência mais imediata e aceita da destinação revolucionária francesa está nos rumos tomados com

---

12 Relembra-se, neste ponto, que o liberalismo moderado, aglutinando as forças contrárias à política absolutista e portuguesa de D. Pedro I, foi responsável pela abdicação e, a partir daí, manteve-se no poder durante quase todo o período que antecedeu a Maioridade. Mas, ao longo desses anos, tais forças dividiram-se e os dissidentes acorriam ora para o bloco dos Exaltados, ora para os Regressistas. Ao final do governo Feijó, os Moderados já eram pouco expressivos.

TRÊS DEVOTOS, UMA FÉ, NENHUM MILAGRE   139

a ascensão de Luís Felipe que, apesar de nobre, agradava à burguesia que abdicou dos ideais republicanos, adotando a monarquia constitucional.

As idéias de Chateaubriand inspiram Magalhães para fazer a crítica do sensualismo e do egoísmo enciclopedistas que haviam declarado "uma guerra de morte ao Cristianismo e a todas as idéias religiosas". Essa crítica tem um conteúdo fundamentalmente político que *afirma* a "monarquia de julho" para, sobretudo, *negar* os fundamentos revolucionários de 1789. É o que se observa das palavras do autor de *O gênio do Cristianismo*, citadas por Magalhães no seu artigo "Filosofia da Religião": "Não foram as suas doutrinas [enciclopedistas] que produziram a *parte boa* do fundo de nossa revolução, nesta revolução só lhes devemos a mortandade dos Padres, as deportações para a Guiana e os cadafalsos" (apud *Niterói*, p.26, v.II, grifos meus).

A ausência de radicalidade da nossa independência devia-se, entre outras razões, ao fato de que, "a reforma não tinha a combater no Brasil os dois grandes colossos do Clero e da Nobreza que na Europa têm oposto à regeneração política, a mais obstinada resistência" (*Niterói*, p.133, v.II).

Portanto, a última experiência francesa dava, assim, a medida das possibilidades brasileiras para uma modernização pacífica, cujas forças haviam derrubado o déspota português e aguardavam a maioridade do monarca brasileiro:

> O Brasil, que parece pautar suas ações e seguir as pegadas da Nação Francesa, no ano seguinte ao de 1830 em que caiu do trono da França o Rei, acorde movimento experimentou ele, e a coroa que ungia a fronte do Príncipe Português, reservado pela Providência para assinalar-se na terra de sua Pátria, e cujo coração não palpitava de amor por sua Pátria adotiva, passou para o Jovem Imperador, que fora ao nascer pelas auras da América bafejado, e pelo sol dos trópicos aquecido. Assim tem sempre o Brasil medrado, olhando para a França e nós nos lisonjeamos que ele não retrogradará, tomando esta grande mestra por guia. (*Niterói*, p.150-1, v.I)

No sentido político, paralelos com a civilização só podiam ser estabelecidos a partir de 1830, quando o Brasil inaugurava, de fato, a sua história nacional, composta, sobretudo, de "governantes brasileiros". Tais paralelos se estabeleceriam por meio do "espírito eclético", preconizado por Victor Cousin,[13] cuja filosofia de "compromisso", "moderada e limitada, em matéria de arroubos, aos oratórios, é o que se poderia chamar uma 'filosofia burguesa' (se é que essa expressão significa alguma coisa) própria, precisamente, a tornar-se 'oficial' sob um regime qual o da monarquia de julho" (Spencer de Barros, 1973, p.47). Politicamente, essa filosofia, abraçada pela revista *Niterói*, como comprovam vários dos artigos que a compõem, significou "uma espécie de aliança 'filosófica' entre a França e a Alemanha [o idealismo alemão], as 'duas grandes nações filosóficas da Europa', como também para condenar, partidário que é da monarquia constitucional, as 'extravagâncias da democracia' e a monarquia absoluta, defendendo a Carta, 'presente voluntário de Luís XVIII, a carta mantida por Carlos X'" (Ibidem). Esse ideal do liberalismo eclético de Cousin se nota na interpretação dada por Magalhães logo acima, para o qual as forças que impulsionaram a Independência brasileira não tinham qualquer identidade com a base social, sendo radicalmente diferente da razão que explode no processo revolucionário francês. Tal processo, no entanto, não era genericamente negado, mas visto como algo necessário ao porvir das sociedades:

---

13 Cf. Spencer de Barros, Victor Cousin "dominou o ensino filosófico em França, praticamente desde que entrou em cena, em 1814, substituindo a Royer Collard, na Escola Normal e logo depois na Faculdade de Letras, até o fim da monarquia de julho, quando sua estrela começou a apagar-se até que, em 1851, ele se retirou de toda a política, entregando-se ao estudo até sua morte, em 1867. No seu período de fastígio, houve, é verdade, uma interrupção razoavelmente longa: perseguido pela polícia da restauração, após o 'endurecimento' que se seguiu ao assassínio do duque de Berry (1820), Cousin 'caiu em desgraça': a Escola Normal foi fechada e o seu curso na Sorbonne suspenso (1821). Até que retornasse, triunfante em 1828, outras aventuras o envolveram, entre elas uma prisão, como 'carbonário' em Berlim (1824), da qual se livrou graças à interferência de Hegel. Depois de 28, até o fim da monarquia de julho, seu prestígio e seu poder sobem ao máximo. Verdadeiro filósofo oficial da monarquia de Julho, na qual ele via a realização de seu ideal 'eclético-liberal' ... foi conselheiro de Estado, par de França, membro da Academia Francesa, da Academia de Ciências Morais e Políticas, diretor da Escola Normal, membro do Conselho Real de Instrução Pública, ministro da Instrução Pública do gabinete Thiers (1840), durante oito meses, retornando, após a morte de Jouffroy, à sua cadeira da Sorbonne (1842), onde continuou a exercer sua ditadura filosófica" (1973, p.31).

TRÊS DEVOTOS, UMA FÉ, NENHUM MILAGRE 141

Tem-se convindo, e com razão que contrárias à Poesia são as épocas revolucionárias. Em tais crises a Poesia, que nunca morre, só fala a linguagem do entusiasmo Patriótico, e das paixões, é a época dos Tyrteos. Mas longe estamos de amaldiçoarmos as Revoluções; nós conhecemos sua missão na história da humanidade; elas são úteis, por que meios são indispensáveis para o progresso do gênero humano, e até mesmo para o movimento e progresso Literário. Quando elas agitam as sociedades, é verdade, a cansada Literatura pára um pouco, e desmaiar parece, mas é para de novo continuar mais bela e remoçada em sua carreira, como o viajor repousa assustado, quando negras nuvens trovejam e propínqua tempestade ameaçam; mas, finda ela, continua sua marcha, gozando a perspectiva de um céu puro e sereno, de um ar suave e de um campo por uma nova vegetação esmaltado. (*Niterói*, p.152-3, v.I)

Mas, que idéia se fazia de revolução no processo brasileiro? Magalhães, baseado nas idéias de Cousin, formula uma teoria interessante à respeito. Mostra a Revolução Francesa como um divisor de águas da história brasileira, sendo a primeira fase (até 1808), anterior à sua intervenção, coberta de obscurantismo:

O Brasil descoberto em 1500 jazeo três séculos esmagado debaixo da cadeira de ferro, em que se recostava um Governador colonial com todo o peso de sua insuficiência e de sua imbecilidade. Mesquinhas intenções políticas, por não avançar outra coisa, leis absurdas e iníquas ditavam, que o progresso da civilização e da indústria entorpeciam. Os melhores gênios em flor morriam, faltos deste orvalho protetor que os desabrocha; um ferrete ignominioso de desaprovação, na fronte gravado do Brasileiro, indigno o tornava de altos e civis empregos. (*Niterói*, p.138-9, v.I)

Depois de 1808, a cena brasileira muda em conseqüência da política imperialista de Napoleão Bonaparte:[14]

O Gigante da nossa idade até a extremidade da Península enviou o susto, e o neto dos Afonsos aterrorizado como um menino

---

14 Chama a atenção essa interpretação positiva do imperialismo bonapartista, como razão decisiva para o encontro brasileiro com a civilização, na medida em que essa foi uma das causas mais importantes para a definição do romantismo europeu, forma de reação nacional, principalmente na Alemanha, contra as invasões francesas. Ver a respeito *Goethe y su Época* de Georgy Lukács.

temeu que o braço do Árbitro dos Reis cair fizesse sobre sua cabeça o palácio de seus avós. Ele foge, e com ele toda a sua corte deixam o natal País, e trazem ao solo Brasileiro o aspecto novo de um Rei, e os restos de uma grandeza sem brilho. Eis como o Brasil deixou de ser colônia, e à categoria de Reino Irmão foi elevado. Sem a Revolução Francesa, que tanto esclareceu os povos, este passo tão cedo se não daria. Com este fato uma nova ordem de coisas abriu-se para o Brasil. Aqui deve parar a primeira época da História do Brasil. Começa a segunda, em que colocado sobre a mais ampla estrada, se apressa para conquistar a liberdade conseqüência necessária do seu estado de civilização. (*Niterói*, p.149-50, v.I)

A noção mais sensível da independência nacional é que, a partir dela, a sociedade brasileira se converte numa *comunidade histórica*. Antes disso – "ou da constelação de fatos que com ele se ligam – não se poderia falar a rigor, de uma 'história do Brasil'. No País-colônia, sem dúvida, acontecem 'fatos históricos', mas a trama de suas conexões é 'exterior' ao País em que eles se passam. Verificam-se, na terra brasileira, sucessos que só ganham o seu inteiro significado se inseridos na contextura histórica de outras nações, das quais realmente fazem parte. Os episódios da nossa história colonial são, em larga margem, episódios da história portuguesa, espanhola, francesa, holandesa, que *se passam* fora do território desses países. Falta-nos ainda um centro de decisões', que, centripetamente, 'atraia' esses fatos, para ordená-los em função de um ponto de referência 'interior'." (Spencer de Barros, 1973, p.XIII, grifos do autor).

Essa circunstância favorecia, sobretudo, mudanças no estatuto político brasileiro; no entanto, isso não era suficiente para detonar o processo por inteiro:

A Independência foi proclamada em 1822 e reconhecida 3 anos depois; mais tarde a experiência mostrou que tudo não estava feito, coisas há que não se pode prever. (*Niterói*, p.150, v.I)

Há, nessa passagem, uma crítica velada contra a instância privilegiada da política no Brasil, em detrimento de mudanças realmente profundas nas relações sociais e na cultura. Torres Homem, por exemplo, ao discorrer sobre a necessidade da abolição do tráfico, diz:

TRÊS DEVOTOS, UMA FÉ, NENHUM MILAGRE   143

Qual é a razão por que o Brasil, que com tão largos passos há progredido na carreira política, é ao mesmo tempo um dos países mais atrasados na indústria? Por que tanta diferença entre o Brasil político e o Brasil industrial? (*Niterói*, p.78,vI)

Da mesma forma, Porto alegre, na tentativa de desvendar o caráter do povo a partir do estágio apresentado pela música nacional,[15] refere-se ao paradoxo existente entre aparato político e atraso social da seguinte maneira:

> Francisco Manuel[16] fez-se a si mesmo; é original, e as mais das vezes tem pensamentos brilhantes, jovem, jaz no meio da apatia artística da nossa Pátria, onde a voz da política, soando mais alto, enche as abóbadas do edifício social, onde de vez em quando, fracos soluços de jovens moribundos entrecortam o murmúrio da celeuma política, mas desaparecem e desvanecem-se como relâmpago na serra dos órgãos. (*Niterói*, p.181-2, v.I)

A MÃO INVISÍVEL

Pois bem, se a Revolução Francesa foi a causa indireta da nossa Independência, além de inspirar o processo de modernização política, via monarquia constitucional, o mundo da materialidade, aspecto complementar e necessário à via pacífica, seria transformado pela mão nem sempre invisível da Inglaterra.

---

15 Cf. Porto alegre, o "caráter dos diferentes povos, manifestando-se em suas produções artísticas, realça salientemente na Música. Se tomarmos, cronologicamente, todos os cânticos de um povo desde sua infância até sua decadência, veremos três sentimentos marcados ... O primeiro sentimento, que se declara em uma geração infante, é a *melodia*; civilizada ela, aparece a *harmonia*; no cúmulo do progresso vem mesclar-se a melodia, e então brilha a riqueza, ora numa, ora noutra coisa; e logo marcha para a corrupção, e com passos decadentes caminha para o sepulcro da extinção, cai no vago do guindado..." (*Niterói*, p.173-4, v.I).

16 Cf. Azevedo, dos "discípulos do Pe. José Maurício, nenhum perseverou no caminho do mestre, e o maior de todos, Francisco Manuel da Silva, que também freqüentou Sigismundo Neukomm, é uma das maiores figuras que o Brasil já produziu, o que deixou de mais belo foi o Hino Nacional, a que deve sua consagração na história da música brasileira" (1971, p.456).

144 MARIA ORLANDA PINASSI

Foi esta nação, compelida a proteger a nobreza portuguesa contra o perigo francês, que entronizou necessidades de mudanças inexoráveis à marcha da civilização (burguesa).

Desde os primeiros tempos da instalação da Corte no Rio de Janeiro, a influência inglesa foi exclusiva e indisfarçada.[17] Em 1808, a Inglaterra já havia abandonado o posto de maior nação mercadora de escravos e vinha exercendo considerável pressão sobre as colônias para a abolição do tráfico. Contra as resistências dos apologetas do escravismo no Brasil, que argumentavam sobre os prejuízos que acarretariam com a abolição, Torres Homem registra os esforços da própria Inglaterra neste sentido:

> Desta revolução nas idéias [iluministas] rompeu a origem da propaganda, que ora trabalham os países possuidores de escravos, e bem assim o movimento que acaba de levar o Parlamento Britânico a um passo sem igual nos fastos do mundo, votando 20 milhões de esterlinas em favor da emancipação do trabalho nas suas conquistas do golfo mexicano, e isto quando a Inglaterra vergada sob o peso de uma dívida colossal, acossada pelos sofrimentos de sua população obreira, cuja miséria avulta de dia em dia, volve os olhos inquietos para todas as partes de suas despesas, por que as submeta à mais severa economia. A Deus não praza que ao Brasil proponhamos o exemplo britânico; a profunda diferença das circunstâncias de uma e outra nação acarretaria a mesma diferença nos resultados, diferença que só poderia desconhecer quem sobre as espadas trouxesse uma cabeça de louco. Mas é doloroso espetáculo para os amigos do país, que ao mesmo passo que ou *paixões generosas, ou interesses bem calculados da indústria* militam açodadamente para o termo definitivo da servidão, seja o Brasil assinalado como um dos países recalcitrantes, onde o tráfico de Africanos continua à escala vista, mediante um contrabando que renunciamos a qualificar. (*Niterói*, p.37-8, v.I, grifos meus)

Os ingleses precisavam de mercados e queriam facilidades e privilégios para os seus negócios. Acima de tudo, estavam as "paixões generosas" pelas mercadorias e os "interesses bem calcu-

---

17 "Ao lado do poder do governo que aqui se estabeleceu, como que se instalou outro poder, aquele que em franca expansão de sua economia capitalista dominava os mares e disputava a primazia no comércio mundial" (SOUZA, 1957, p.62, v.9).

TRÊS DEVOTOS, UMA FÉ, NENHUM MILAGRE   145

lados da indústria" inglesa que via o Brasil como potencial mercado consumidor. Isso significa que a intervenção inglesa no Brasil não se deu de forma a destruir completamente a sociedade tradicional para transformá-la num pólo industrial competitivo. Sua política foi conciliatória no sentido em que estimulava o desenvolvimento das forças produtivas no Novo Mundo propondo soluções do agrado da Europa da Santa Aliança, ou seja, a formulação de nações independentes à sombra de instituições monárquicas.[18]

Essa atitude conciliatória convergia para os propósitos políticos dos moderados que admiravam os princípios da economia liberal[19] e estabeleciam relações de interesse político/comercial e amizade pessoal com representantes das indústrias da Inglaterra no Brasil.[20] A política moderada, mesmo após a derrocada da Santa Aliança, serve de apoio estratégico à condução dos interesses conciliatórios dos ingleses.[21]

Na medida em que mantinham laços estreitos com figuras importantes do poder moderador, tomando parte inclusive dos círculos de debates promovidos por essa corrente ideológica, os

---

18 Entre todos os países da América Latina, essa política de oportunidades só vingou realmente no Brasil, por tempo suficiente para garantir a consolidação da unidade nacional e produzir efeitos trágicos. Trágicos porque, além de não conseguir destruir a instituição escravista, a "própria Inglaterra estimulava de maneira indireta o tráfico, já que relegava o Brasil, com as tarifas que lhe impusera, ao papel de produtor de artigos coloniais e de mercado para as manufaturas inglesas" (SOUZA, 1957, p.65, v.9).

19 José da Silva Lisboa, o visconde de Cairu, foi ardoroso admirador e propagador das idéias de Adam Smith no Brasil.

20 Entre os simpatizantes da política inglesa no Brasil destacam-se, para efeitos deste livro, as figuras de José Bonifácio e Evaristo da Veiga. O primeiro na sua luta pela abolição da escravidão e o segundo na sua luta pela modernização das instituições políticas e culturais brasileiras. Como se viu no capítulo 2, ambos são homenageados por John Armitage no seu livro *História do Brasil*, cujo autor, além de descobrir-se historiador em suas andanças pelo Brasil, foi efetivamente representante comercial da Philips, Woods & Cia.

21 Essa característica anglômana do poder moderador pode ter sido um dos aspectos que acabou por esvaziar suas fileiras, já que a Inglaterra era malvista tanto pelos proprietários rurais – que não aceitavam a idéia de abolição –, pelos comerciantes – que se opunham ao protecionismo do Estado às mercadorias inglesas –, como pelos que lutavam nos movimentos insurrecionistas e queriam a República.

editores da *Niterói,* comprometidos material e moralmente com ela, construíram uma imagem de Brasil, cuja idealização supunha uma situação real, preexistente e para além dela. Essa situação se compunha de uma *divisão internacional do trabalho,* na qual o Brasil reafirmaria, de forma modernizada e industrializada, a sua "vocação agrícola". É o que se depreende dos artigos "Física industrial" de D'Azeredo Coutinho, "Química" de A. de S. Lima de Itaparica e "Novo sistema de fabricar açúcar" de vários representantes do governo francês em suas colônias no continente americano.

Mas é o artigo "Comércio do Brasil" de Torres Homem que põe a descoberto a fragilidade brasileira ante as disposições do mecanismo de distribuição e absorção internacional das principais – ou únicas – mercadorias de exportação – o açúcar, o café e o algodão – produzidas no Brasil. Após tecer loas ao internacionalismo do capital, representado pela liberdade do comércio, critica a política econômica francesa de proteção aos produtores (correlatos) oriundos de suas colônias localizadas nas Antilhas. Isso significa que, apesar de constituir uma nação politicamente independente, o Brasil vivia o paradoxo de manter-se, economicamente, no nível concorrencial de produtos coloniais. Torres Homem, ao que parece, não via a situação diferencial da troca internacional por esse prisma. Observa-se que sua interpretação para a diferenciação da oferta dos produtos – agrícolas e industrializados – se dava com base nas condições naturais e culturais dos diversos países que se "associavam" no comércio, por meio de necessidades recíprocas:

> Cada país por sua topografia, seu clima, e inteligência dos habitantes, vantagens possui que lhe são próprias; estas mesmas condições porém de sua personalidade o colocam em situação menos favorável à respeito de recursos territoriais, e de aptidões naturais, que são o apanágio de outro país. Demais disso, o caráter, os costumes, o grau de civilização dos homens separados por longas distâncias dão lugar a riquezas e a necessidades, que grandemente entre si contrastam. Nesta respectiva situação dos povos, necessários uns aos outros, há um princípio de associação, que útil fora fecundar para felicidade das nações. Esse princípio é o da liberdade do comércio. (*Niterói,* p.149, v.II)

Na verdade, Torres Homem parece defender o direito do Brasil à concorrência, uma das características mais importantes da economia liberal, confrontando-a com características relevantes do monopólio. Mas, conforme Mészáros, o "jovem Marx e o jovem Engels, porém, observam que essa oposição é oca. É oca porque a concorrência pressupõe o monopólio: o monopólio básico da propriedade privada. Por outro lado, eles também mostram que o fato de a concorrência pressupor o monopólio é apenas um dos lados da moeda. O outro é que o monopólio alimenta a concorrência e esta, por sua vez, se transforma em monopólio" (1981, p.128). Torres Homem, além de lamentar a perda do monopólio de seus produtos coloniais para as colônias francesas, não compreende a extensão da gravidade da situação brasileira; ou seja, que a concorrência subsumida ao monopólio das nações centrais estabelecia a via da continuidade exploratória entre os países.

Todos os artigos citados preconizam a necessidade de se reformar o processo de produção industrial agrícola, especialmente a açucareira, mas, assim como aqueles que tratam, fundamentalmente, da economia brasileira, falam de um processo de diversificação industrial, em que a indústria não vem separada da agricultura. Mas, em 1836, já está consagrada a separação entre estes dois setores; portanto, é bastante provável que as idéias que propagam tenham um sentido mais ideológico do que propriamente inocente.

As intervenções francesa e inglesa abriam possibilidades para a fundação de uma sociedade burguesa e culta num Brasil ainda imerso na escravidão, na ignorância e no misticismo. Haveria, portanto, que aproveitar as oportunidades que o momento proporcionava. Com isso volta a pergunta: já que internamente não existia a classe portadora dos interesses que propagandeava, o projeto da *Niterói* seria mero articulador de veleidades intelectuais? Ou, ao contrário, havia demandantes concretos para tal produção ideológica? Com base no que foi dito, poder-se-ia supor que a burguesia internacional seria, de fato, a demandante oculta dos pressupostos contidos na *Niterói*, a fim de criar instâncias subjacentes e necessárias à nação de recente passado colonial para facilitar o trânsito de suas idéias e mercadorias e inserir o Brasil numa nova forma de colonialismo.

Antoine-Jean Gros. *Bonaparte na Ponte de Arcole*, 1796. (CLAUDON, s. d.).

TRÊS DEVOTOS, UMA FÉ, NENHUM MILAGRE 149

Caricaturas atribuídas a Araújo Porto alegre. Lit. de Briggs. (SOUZA, 1975, v.5)

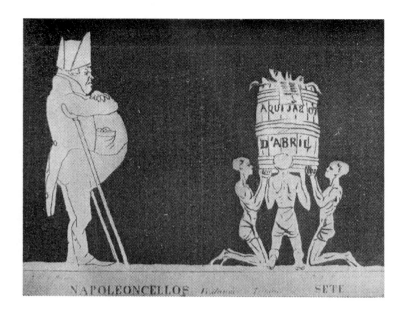

Caricaturas atribuídas a Araújo Porto alegre. Lit. de Briggs. (SOUZA, 1957, v.5).

TRÊS DEVOTOS, UMA FÉ, NENHUM MILAGRE 151

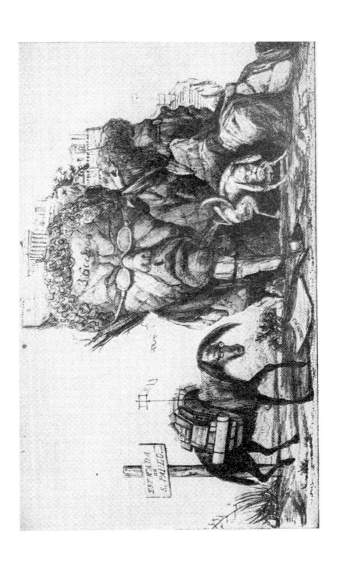

Justiniano José da Rocha. Caricatura de Araújo Porto alegre. Lit. de Briggs. (SOUZA, 1957, v.8).

Caricaturas de Araújo Porto alegre. Lit. de Briggs. (SOUZA, 1957, v.8).

6 ROMANTISMO PELO AVESSO

"Empreguemos os
meios necessários e nós
possuiremos grandes homens."
D. J. G. de Magalhães

São somente dois volumes, mas se as circunstâncias tivessem permitido que outros viessem à luz é possível que a análise de conteúdo da revista *Niterói*, tendo em vista o sentido registrado na epígrafe "Tudo pelo Brasil e para o Brasil", percorresse caminhos mais longos que os aqui se circunscrevem.[1] Se, no entanto, a empresa se vê facilitada ante a quantidade de matéria a analisar, de modo algum se pode desprezar a complexidade inerente à diversidade temática, investigada com base no inter-relacionamento de um e outro volume, de uns e outros artigos, autores e assuntos específicos. Os fatos históricos põem em evidência tanto a objetividade como a subjetividade de suas idéias que, dispostas

---

1 Tais caminhos seriam mais longos, talvez diversos, em razão da dinâmica histórica processada para além do período analisado. Em hipótese alguma, porém, tergiversaria a objetividade do método de investigação empregado.

num *conteúdo de caráter programático*, formaram uma *síntese* relativamente coerente. E tão-somente a *perspectiva histórica*, balizando a análise do conjunto de artigos que constitui a revista, é que permite a apreensão desta unidade.

Entretanto, desde sua publicação, exalta-se nela apenas um de seus tantos aspectos. Distinguindo-a como revista literária, nega-se o cumprimento de sua vocação eclética, anunciada já no título: *Niterói – Revista Brasiliense – Ciências, Letras e Artes*. Muito embora apresente três artigos sobre Economia Política, considerada "tão necessária ao bem material, progresso, riqueza das nações" e ocupando "importante lugar na Revista Brasiliense" (Ao Leitor, *Niterói*, v.I), ficou conhecida pelo "Ensaio sobre a História da Literatura do Brasil". Esse ensaio, juntamente com o poema "Suspiros Poéticos e Saudades" (1836, Paris), ambos de Domingos José Gonçalves de Magalhães, consagram o autor como pioneiro e líder de uma "profunda renovação literária" no Brasil.[2]

Algumas décadas mais tarde, Sílvio Romero consubstancia aquele pendor literário da revista, dando ao artigo de Magalhães o estatuto de *manifesto romântico brasileiro*. Tal denominação teve a ampla aceitação da crítica literária que, acredita-se, nem sempre ter compreendido ou utilizado, com acuidade, o significado expresso pelo termo. E é preciso considerar ainda que o termo lhe foi outorgado, jamais autodenominado.

---

2 Em *Da Nacionalidade da Literatura Brasileira*, Santiago Nunes Ribeiro o considera "gênio, guia e fundador, com o qual haveria de começar a fase definitiva de nossa literatura". Manuel Araújo Porto alegre, nas *Brasilianas* (1863), expressa-se da seguinte forma: "Esta pequena coleção não tem outro merecimento além do que mostrar que também desejei acompanhar o Senhor Magalhães na reforma da arte feita por ele em 1836". E, ainda, Joaquim Norberto de Souza e Silva, no *Bosquejo da história da poesia brasileira*, reverencia seu respeito e admiração por Magalhães, considerando que "o gênio fluminense ... já deu o sinal para a reforma ... chefe de uma revolução toda literária, ele marcou nos anais da literatura do novo mundo uma época brilhante de poesia" (apud CANDIDO, 1981, p.55, v.2). São as palavras de êmulos sobre um jovem cujo espírito se dispôs, "escrupulosamente a sério", criar a nova literatura. Tais palavras, entretanto, não são suficientes para medir a verdadeira repercussão social da revista, aspecto esse tão relevante para este livro quanto o vácuo social da política liberal moderada. Tal questão será analisada mais detidamente no último capítulo.

São inúmeras as passagens que sugerem ou tratam diretamente do "espírito literário que hoje domina este povo [o francês] tão amigo do novo" (Lopes, 1958, p.16). Mas, com exceção do artigo "Estudos sobre a Literatura" de J. M. Pereira da Silva, nenhum outro registra a palavra, substantiva ou adjetivada, *romantismo*; mesmo assim, dotando-a de sentido fundamentalmente político.[3] Isso pode ser interpretado como uma atitude reservada em relação ao significado que o termo vinha adquirindo então. Um significado pleno de "extravagâncias", incompatíveis com a cautela exigida pela nação brasileira, cuja formação se expressava, ainda, mais como *aspiração* do que *realidade.*

Não se pretende com isso reduzir ou menosprezar as inestimáveis contribuições da crítica que se atreveu adentrar terreno tão pantanoso; ao contrário, considera-se este livro tributário delas. Entretanto, é necessário ressaltar que o procedimento de isolar um artigo dentre vários, que se pressupõe comporem uma *síntese*, assim como privilegiar antes a *forma* do que o *conteúdo* histórico que a sustenta, acabou por plantar um problema que permanece, até hoje, sem resposta: *foi ou não romântico o "manifesto romântico" brasileiro?*[4]

E que espécie de romantismo é esse que a tudo e a nada explica e que, por isso mesmo, vem gerando tantos desencontros

---

3 "A Literatura Grega, denominada pelos Alemães Clássica, foi senhora da França e da Itália até o século XIX. A moderna chamada Romântica, da Espanha arremessa-se na Inglaterra e de lá passa à Alemanha, donde vibrando suas armas sobre a França, ajudada pela revolução de 1789, lança-se e afugenta desta nação o classicismo, que exala seu derradeiro suspiro com o século XVIII. A razão é clara. A Literatura, na Idade Média, estava inteiramente separada da política, porém esta última fazendo um passado de gigante, influi muito sobre a literatura, abre a carreira social, desenvolve novas idéias e grita pelas inovações e pelo progresso; e como poderia o Romantismo não se apresentar em lice? Unem-se pois e o Absolutismo e o Classicismo caem. A Revolução Francesa faz a volta ao mundo, o Romantismo a segue, sua estrela ganha luz, ao passo que a primeira descortina teorias verdadeiramente liberais e humanas e alumia com seu farol o globo inteiro" (*Niterói*, v.II, p.236).

4 Não se trata de discutir tão-somente a forma vacilante da sua composição poética: se neoclássica, se romântica, se pré-romântica. Esse é o terreno no qual se debate a crítica sem sair dele. Trata-se, sim, de avaliar se as formas utilizadas na revista têm ressonância com o conteúdo histórico brasileiro no ano de 1836.

na caracterização dessa que tem sido considerada a primeira geração romântica do Brasil?[5] Um primeiro problema foi detectado: a revista *Niterói* é conhecida por apenas um de seus tantos artigos. Um segundo problema, intimamente relacionado com aquele, advém de análises que, em geral, não ultrapassam a visão estritamente literária do romantismo contraposto às regras de composição neoclássica. Por assaz genérico, o termo se encaixa sob medida em uma considerável fatia da crítica que "nacionaliza, por subtração",[6] o termo e a adjetivação romântica.

Pois bem, de uma leitura mais atenta do conjunto de artigos da *Niterói* se extrai *uma síntese temática* que, direta ou indiretamente, é tratada em todos eles. É essa síntese que sustenta o seu conteúdo programático: civilização e isolamento, cristianismo e paganismo, progresso e atraso, ciência e misticismo, autonomia e dependência, trabalho livre e escravidão, universalidade e particularidade são os termos significantes que compõem a diversificada gama de assuntos que se entrelaçam continuamente. E, mais importante, interessa apreender a atitude desses autores em relação ao conteúdo que desejam prescrever para o Brasil. Por isso, entende-se que essa síntese pressupõe um desenvolvimento que, no entanto, deve ser tomado no plano da *idealidade* porque constitui um universo suposto "para o futuro", pelo desejo do *vir-a-ser*, do tornar-se efetivamente burguês. Na *Niterói*, à realização desse desejo superpõe-se a necessidade de construir elementos tanto *subjetivos* – pela mudança da base mental/cultural arcaica pela moderna –, como *objetivos* – pela mudança da base produtiva do trabalho escravo pelo trabalho livre.[7] Entretanto, é a historicidade

---

5 Não se fará aqui uma retrospectiva bibliográfica da crítica brasileira a esse respeito; no entanto, entre os mais conhecidos críticos, essa caracterização sofre variações acentuadas sobre o que entendem por "românticos" ou "pré-românticos". Otto Maria Carpeaux, que classifica os editores da *Niterói* no pré-romantismo, faz ressalvas claras à produção literária de Araújo Porto alegre dizendo que "só por equívoco, pela escolha de assuntos políticos nacionais, que a teoria neoclassicista não admitiria, entrou Araújo Porto alegre em relação com o movimento romântico" (*Pequena Bibliografia Crítica da Literatura Brasileira*, p.77).

6 O termo se inspira no título do ensaio "Nacional por subtração" de Roberto Schwarz, publicado no livro *Que horas são?* (1989, p.29-48).

brasileira da época – e a sua posição na dinâmica mais geral das relações capitalistas internacionais – que problematiza *as formas* dessa construção. Ou seja, no plano das idéias incorporadas para explicar – ou provocar mudanças – na dinâmica interna, o movimento deve se dar *simultaneamente* do interior para o exterior e vice-versa. Nesse sentido, o temário romântico pode ter sido não mais do que um *estilo* empregado para a integração da particularidade *renovada* do Brasil, da forma brasileira de inserir-se no interior das formas diversas do internacionalismo burguês. Nessa medida, considera-se que a totalidade das idéias encerradas na revista *Niterói* não se sustenta em explicações de natureza exclusivamente estético-literárias; essa dimensão é parte consecutiva e integrante, sem a qual não se poderia atingir uma objetividade maior e mais complexa. É provável, porém, que por ter sido analisada quase sempre por esse prisma exclusivo, isolando-se uma de suas peças mais significativas, tenha-se conferido a ela um caráter abstrato e generalizadamente romântico. Mas, até porque, há mais de um século, essa foi a maneira pela qual a revista *Niterói* ficou conhecida; o romantismo é, aqui, referencial de análise pressuposto e necessário.

RECUSA DO PRESENTE

São imensas as dificuldades de definição do romantismo, e o que mais desconcerta é seu caráter fabulosamente contraditório, sua diversidade, sua acomodação às particularidades históricas nacionais e, especialmente, sua resistência à redução de um *denominador comum*.[8] Vários historiadores dos séculos XIX e XX

---

7 Ou como se refere Roque Spencer Maciel de Barros ao analisar a revista *Niterói*: "Trata-se, enfim, de um programa genérico, de educação da inteligência nacional, tanto nos domínios propriamente *espirituais* quanto nos *materiais*" (1973, p.59, grifos meus).

8 "Um dos maiores problemas que nos propõe o Romantismo é o de sua delimitação. Por um lado, a interpretação do Romantismo é reduzida, freqüentemente, a limites cronológicos estreitos, tendendo a esgotá-lo em manifestações mera e simplesmente literárias; o problema sofre assim uma simplificação injustificável. Por outro lado, em um extremo oposto, há autores

vêm tentando, por vezes, dar-lhe designação universal, por outras explicações absolutamente múltiplas, em que nem àquela, nem a essas se coloca a *unidade essencial do fenômeno*.[9]

Ao observar estudos que ora privilegiam o *geral*, ora o *particular* do fenômeno romantismo, percebe-se que, na sua imensa maioria, não ultrapassam o nível dos empirismos metodológicos e, ao tentarem contornar as dificuldades, vão agrupando cada vez mais termos à já bastante extensa lista de "denominadores comuns". Segundo Löwy (1995, p.14), a maior delas é "elaborada ... por Henry Remak sobre o romantismo europeu que estabelece uma tabela sistemática de 23 'denominadores comuns': medievalismo, imaginação, culto das emoções fortes, subjetivismo, interesse pela natureza, mitologia e folclores, mal do século, simbolismo, exotismo, realismo, retórica etc.". Considerando que muitos críticos brasileiros seguiram tal método, pergunta-se: se, por acaso, encontrassem todas essas características na revista *Niterói* – o que não é o caso –, isso seria suficiente para dar-lhe conceituação romântica?

O problema parece alojar-se no fato de que, mesmo entre aqueles que buscaram explicar a força unificadora existente por trás dessas características e as razões dessas características se manterem associadas, não se conhece qualquer análise que elucide *o caráter histórico do romantismo brasileiro*.[10]

---

que pretendem encontrar, senão movimentos, ao menos traços ou tendências românticas por meio de toda a História da Civilização; o dualismo romântico-clássico, segundo esses autores, constituiria a polaridade básica de motivos que permitiria explicar, em obediência a seu antagonismo exclusivista, todo o desenvolvimento da cultura" (BORNHEIM, 1985, p.75).

9 Reduzida, muitas vezes, em nível de um problema filológico limitado, alguns estudiosos inclusive propõem o desaparecimento sumário da palavra, entendendo que ela mais obscurece do que esclarece as dúvidas. Um dos ícones dessa proposta é de A. O. Lovejoy (On the discriminations of Romanticicism. In: *Romanticism of Europeam Civilization*, Boston: D. C. Hearth, 1965).

10 Segundo Bornheim, o "romântico seria sempre uma fase de rebelião, de inconformismo aos valores estabelecidos e a conseqüente busca de uma nova escala de valores, através do entusiasmo pelo irracional ou pelo inconsciente, pelo popular ou pelo histórico, ou ainda pela coincidência de diversos desses aspectos. Compreendido como uma busca de novos valores, todo romantismo tenderia a tornar-se classicismo, desde que esses novos valores atingissem o

As contribuições de críticos como Antonio Candido, Antonio Soares Amora, José Aderaldo Castelo, Sérgio Buarque de Holanda, são inestimáveis porque dão pistas importantes para a compreensão devida do problema. E é com base nesses autores que se pretende discutir o caráter global do fenômeno (sua natureza de *Weltanschauung*) e sua crítica da economia e do modo de vida burguês, ou seja, seu *caráter anticapitalista*. Esse aspecto do problema leva a uma questão central: *em que medida a historicidade brasileira de 1836 poderia estar adotando esta crítica ou vivenciando o fenômeno anticapitalista?*

Em primeiro lugar, é preciso lembrar que não se está trabalhando com material de conteúdo expressa e diretamente literário; com exceção do poema "A voz da natureza", precedido do artigo "Contornos de Nápoles", ambos de autoria de Manuel de Araújo Porto alegre (*Niterói*, p.161-213, v.II), todos os demais são, antes, um esforço de teorização do atraso brasileiro ante as orientações de várias e não apenas uma escola européia. Essa diversidade se apresenta fundamentalmente por meio da estima nutrida pelo *ecletismo literário e filosófico* de Royer Collard, Cousin e Jouffroy. Tal esforço, se observa, vem impregnado do clima político dos anos finais do Primeiro Império e dos tempos imediatamente posteriores à abdicação, cuja atitude trilha os passos dos políticos liberais. Somente por este fato, já teria sido muito importante estabelecer relações entre suas idéias [românticas] e a realidade social e econômica do país.

Segundo Löwy, entre os historiadores que analisaram o movimento romântico europeu, "a maioria ignora as condições sociais e considera somente a seqüência abstrata dos estilos literários (classicismo-romantismo) ou das idéias filosóficas (racionalismo-irracionalismo). Outros relacionam o romantismo de maneira superficial ou exterior a este ou àquele fato histórico, político ou econômico: Revolução Francesa, Restauração, revolução indus-

---

seu máximo desenvolvimento, quer dizer, se estruturassem, se fixassem, se impusessem como uma ordem perfeitamente definida, estática, terminando, por isso mesmo, a dar margem a uma nova vazão da dinamicidade romântica, assim sucessivamente. Teríamos, portanto, uma espécie de esquema histórico" (1985, p.76).

trial". (1995, p.20) Enquanto aqueles se debatem em meio às abstrações subjetivistas, estes últimos costumam apresentar o romantismo como uma forma de "adaptação aos efeitos da revolução industrial" transformando-se esta numa de suas principais fontes e fornecendo-lhe "uma imagética mais próxima da realidade e determinadas formas de apresentação adaptadas às condições modernas" (apud Löwy, op. cit., p.20-1). Tal concepção não consegue "apreender as relações profundamente antagônicas do romantismo à sociedade industrial" e "não concebe essa relação a não ser em termos de 'modernização' da literatura e da renovação de suas imagens" (Idem, p.21).

Não se pretende estar fundamentando aqui toda a multiplicidade das interpretações sobre o romantismo, mas ressaltar que a pista mais interessante para analisar seu elemento unificador encontra-se no campo do marxismo que o apreende enquanto recusa do presente ou *forma de oposição ao mundo moderno.* Mas, mesmo aí, parte significativa das análises, reduzem, pura e simplesmente, a crítica antiburguesa do romantismo ao seu aspecto reacionário, conservador e retrógrado.

Karl Mannheim, bastante impregnado da leitura de *História e consciência de classe,* foi um dos precursores dessa análise da filosofia política do romantismo que "surge como um movimento consciente de oposição ao 'movimento progressista' sistemático e coerente, dotado de uma organização extremamente desenvolvida" (1982, p.112). Para ele, o conteúdo filosófico e político do romantismo interage contra os movimentos "progressistas", que estimulam a mudança social, sendo, portanto, reacionário e com intenções de *retardar* a história. O conservadorismo constitui, assim, o ângulo privilegiado pelo qual Mannheim analisa o romantismo.

Neste mesmo campo de análise, Lukács vai além e formula o conceito de *romantismo enquanto expressão anticapitalista* para designar o conjunto das formas de pensamento, cuja crítica da sociedade burguesa se inspira num sentimento nostálgico, passadista. Analisa esse conceito com base no universo literário construído por Balzac. No centro dessa problemática se encontra o "triunfo do realismo" que, desde Marx e Engels que já haviam saudado Balzac com particular apreço, vem inspirando inúmeros trabalhos nessa direção.

TRÊS DEVOTOS, UMA FÉ, NENHUM MILAGRE   161

Subtraindo-se daqueles que ressaltaram, para justificar o realismo crítico do escritor, um "romantismo de esquerda", "prometéico" e "progressista", Lukács enfatiza que sua crítica realista não está absolutamente em contradição com a respectiva ideologia reacionária, passadista, legitimista: "Balzac julga o capitalismo com os olhos da Direita, da parte feudal, romântica", e o faz numa perspectiva pessimista em relação ao presente, que "já arrastou consigo irresistivelmente a nobreza" (Lukács, 1965, p.131). Ou seja, Balzac "demonstra que a ação desmoralizadora desse processo deve arrastar irresistivelmente toda a sociedade". Neste sentido, está fora de propósito atribuir-lhe virtudes "democráticas" e "progressistas" quando, de fato, seu olhar está voltado para o passado, sendo o passado a referência crítica e realista do presente.

Diferentemente se comporta a crítica desferida por Stendhal, cujo realismo satírico "surge do fato de que [ele] não consegue aceitar o crepúsculo do período heróico da burguesia, o desaparecimento dos 'colossos antediluvianos' (assim são, segundo Marx, as figuras do período heróico, vistas do estreito ângulo da Restauração). Stendhal pretenderia intensificar todas as tendências remanescentes do heroísmo, até o ponto de torná-las uma realidade soberba para opor, de forma satírica ou elegíaca, à miséria e à tristeza da sua época: mas ele vai buscar estas tendências somente ou sobretudo na sua alma heróica, avessa a qualquer compromisso" (Idem, p.134).

Stendhal viveu intensamente a Revolução Francesa e os tempos de Napoleão e o seu julgamento dos fatos leva, tanto quanto Balzac, "a uma grandiosa e profunda e cruelmente satírica representação da sua época". A atitude de descontentamento dos alemães adquire, ao contrário, uma forma elegíaca, lírica, justamente porque na "Alemanha econômica e socialmente não evoluída, ainda não atingida pela revolução burguesa, [seus escritores, particularmente] Schiller e Hölderlin só podiam abandonar-se aos sonhos no que se refere à evolução posterior, sem conhecer efetivamente as forças operantes" (Idem, p.136). Por isso, aqueles são realistas e estes idealistas.

Ao analisar o romantismo alemão, no enfrentamento das conseqüências da Revolução Francesa, Lukács define seu sentido reacionário da seguinte forma: "O romantismo e a reação alemã pretendem também a conversão da Alemanha em país moderno (e capitalista, coisa ignorada então pela maioria de seus representantes), mas o deseja sem a destruição do absolutismo, sem a eliminação dos resquícios e privilégios feudais. Ou seja, não deseja uma reconstrução da ordem pré-capitalista, senão um capitalismo política e socialmente reacionário, que absorva 'organicamente' os restos feudais e os preserve em seu próprio seio" (Lukács, s. d., p.53).

Essa definição parece, a princípio, encaixar-se plenamente nas intenções político-ideológicas da revista *Niterói* que, como se sabe, defendia reformas urgentes para a formação do Estado regido pela monarquia constitucional em oposição a qualquer pretensão republicana. Por exemplo, na Alemanha, "quanto mais claros eram os resultados da Revolução Francesa – ou seja, a moderna sociedade burguesa – que se manifestaram antes de tudo, nos excessos da burguesia liberada na época do Diretório, mais diminuía na intelectualidade alemã o entusiasmo abstrato e prevalecia o temor pequeno burguês entre as formas plebéias do movimento revolucionário. Assim, os problemas da moderna sociedade burguesa vinham ocupar o lugar vago" (Idem, p.57).

A *Niterói* pode ter sido, justamente, um desses sintomas do temor pequeno burguês no Brasil com os desdobramentos das violentas lutas regionais que, à época de sua publicação, assumiam caráter popular, particularmente no Pará (Cabanos) e no Rio Grande do Sul (Farroupilha). Uma passagem do artigo "Contornos de Nápoles", de Araújo Porto alegre, ilustra o medo das ameaças que pairavam contra a unidade nacional, mantida, até então, sob a tutela coercitiva do Estado:

> A Solfatarra[11] é a verdadeira imagem de uma nação que luta em guerras intestinas; é a imagem de nossa Pátria, que fumega sangue nas duas extremidades e ameaça no centro uma erupção

---

11 Segundo o autor, à Solfatarra, "chamaram os Antigos *Forum Vulcani*; Plínio e Strabon o consideravam já como vulcão semi-extinto, mas em 1198 fez uma violenta erupção de fogo e pedras, que estragou horrivelmente o país: a fábula diz ter sido ali o lugar onde Hércules combatera os Gigantes; o povo crê ser uma das gargantas do inferno; e o célebre Capaccio esforça-se em

terrível que talvez a desmembre para sempre. Deus nos proteja! (*Niterói*, p.177, v.II).

Entretanto, algumas diferenças essenciais que separam a Alemanha do Brasil, ante a marcha inexorável da burguesia revolucionária, poderiam assim ser entendidas: 1. nos tempos de Napoleão, enquanto a intelectualidade alemã se debatia entre aderir ou não ao imperialismo francês, no Brasil, vivia-se o dilema entre continuar ou romper com a condição de colônia; seu alvo, ou melhor, seu adversário era Portugal, a mais atrasada das nações européias; 2. se a Alemanha privilegiou a construção de um nacionalismo defensivo (irracionalista) de suas fronteiras contra a invasão da França, o Brasil abria as suas justamente para alargar seus reduzidíssimos horizontes civilizatórios; 3. a *Niterói*, constituindo uma contribuição para a formação nacional, um programa de feição política, econômica e espiritualmente burguesa, encontra, em 1836, aquele cenário em que "os problemas da moderna sociedade burguesa ... vinham ocupar o lugar vago", mas trata, como se verá, de *ocultá-los*, carregando nas tintas de seus benefícios; 4. enfim, o alvo fundamental da revista *Niterói* continua a ser algumas heranças portuguesas, alguns resquícios coloniais, contra os quais arremessa toda a sua criticidade (romântica). Nela, no entanto, não é possível verificar qualquer resistência à penetração do mundo das mercadorias no Brasil. Seu problema essencial foi ter sido essa uma atitude superficial e periférica ante a poderosa resistência interna – dos escravocratas e latifundiários – contra a perda dos privilégios.

Isso, por ora, se julga suficiente para responder àquela questão colocada logo acima, ou seja, se a *Niterói* lançou mão das formas românticas, o fez de maneira a torná-las instrumentos de oposição a uma realidade adversa ao capitalismo. Sem a essência

---

prová-lo. Sismondi nos diz: que o Imperador Frederico III depois de seu casamento com a Princesa Eleonora de Portugal, em Roma, vindo a Nápoles, Alphonso o recebera com toda a pompa, e entre as diversas festas que fizera, a mais espantosa, e a mais pomposa foi uma caça noturna no recinto da solfatarra, onde a disposição das luzes naquele circo formado pela natureza, o número dos animais, a música, o brilhantismo das vestes dos caçadores, pareciam realizar os prodígios da magia" (*Niterói*, p.177, v.II).

anticapitalista, na verdade, da revista *Niterói* não emana uma visão de mundo propriamente romântica. Se o seu projeto é idealista, isso acontece tão-somente porque se refere a um país de liberalismo abstrato ou retórico; mas, a princípio, esse idealismo deve pautar-se principalmente numa literatura européia de conteúdo ideológico, vulgarizador, que objetivava ocultar justamente aqueles problemas que a crítica romântica, muito embora reacionária e conservadora, contribuiu para tornar transparentes.

O BRAÇO DIREITO DO HOMEM

Ao fazerem a crítica da escravidão e a apologia da divisão do trabalho livre, não se pode dizer que se interpunham aos valores quantitativos, ou melhor, aos valores de troca do universo capitalista, a exemplo da intelectualidade romântica da Europa. É o que se depreende das palavras de Torres Homem:

> A mecânica prática dos antigos consistia essencialmente em um espantoso consumo de homens empregados com *força muscular*. Uma vez que o homem tem a sua descrição grande quantidade de outros homens a título de escravos, a necessidade de economizar tempo e forças jamais se lhe apresenta ao espírito. É esta a razão porque o *uso das máquinas* foi desconhecido de toda a antiguidade, e porque em alguns países modernos a escravatura é insuperável empeço à introdução dessas *engenhosas e brilhantes filhas da civilização*, que tão eficaz assistência prestam ao homem, enriquecendo-o de uma potência que ele em vão procuraria nos seus órgãos físicos ou que só poderia provir de numeroso concurso de forças humanas. (*Niterói*, p.21, v.I, grifos meus)

A princípio, sua antipatia era remetida não ao capitalismo, ou às contradições da sociedade burguesa que já eram, em 1836, bastante visíveis. No entanto, sua atitude de glorificação e idealização das máquinas como peças incontestes da racionalidade, nega desde a crise social que, entre 1811 e 1817, originou o movimento (luddita) de destruição das máquinas, até a crise interna do capitalismo ascendente mostrada, a partir da década de 1820, pela emergente organização do movimento proletário, que se abriria, então, para uma nova fase da luta, aquela na qual se desenvolve o movimento cartista, o primeiro movimento político da classe operária.

Mesmo que o Brasil não apresentasse, ainda, as condições ou tendências econômicas favoráveis à constituição das classes fundamentais do capitalismo, é evidente que para os intelectuais da *Niterói*, tratava-se de negar ou, antes, ocultar as contradições que, antecipadamente, existiriam entre elas. Essa ocultação, como se verá mais adiante, terá no formato brasileiro um elemento que a diferencia das doutrinas ideológicas da burguesia: primeiro, porque essa ocultação tem caráter retórico, antecipatório, na medida em que o Brasil carecia de portadores sociais interessados; segundo, porque essa ocultação é, ainda, mais persuasiva no sentido da mudança que da conservação plena da ordem.

Não, não era contra as desigualdades subjacentes à estrutura social capitalista que destilavam suas críticas e sim contra valores transcendentes do passado colonial, dominado pelo absolutismo português, que, conforme Torres Homem, entravam em contradição justamente com aquelas condições, obstaculizando a marcha da civilização burguesa:

> Mas é certo também que os interessados no *status quo* do sistema da escravidão ofendem a um tempo o senso comum e a experiência dos fatos, quando presumem que a inteira cessação do tráfico implica em suas conseqüências sacrifício da produção nacional, e desfalque nos benefícios da indústria particular; e igualmente deslembram-se dos conselhos da prudência, quando ouvindo rodar ao longe o carro da civilização, em vez de aparelhar-se para alcançá-lo na passagem, e dentro também lançar-se, procuram ao contrário empecer-lhe a marcha com barrancos e aturados esforços. No fim de contas porém, e a despeito de todos os obstáculos, o carro tem de passar, e tem de passar porque obedece em seu curso a uma lei infinitamente mais forte, que a vontade dos recalcitrantes, a Lei do progresso e da civilização; somente em vez de levá-los por diante, pode abalroá-los com as suas rodagens. A história diz que as grandes reformas se hão feito no mundo, não só a despeito, mas à custa dos que para elas se não achavam preparados. (*Niterói*, p.39, v.I)

Uma passagem do artigo "Educação industrial" de Silvestre Pinheiro Ferreira mostra mais contundentemente a gravidade da situação brasileira ante a manutenção do trabalho escravo:

MARIA ORLANDA PINASSI

> *A máxima parte da classe produtora* de todas as matérias primeiras da indústria, e mesmo a maior parte dos que exercem os diversos ramos das artes e ofícios não era nem podia ser admitida [durante a vigência colonial] *a gozar dos direitos naturais da liberdade individual, da propriedade real e da igualdade civil.* A população brasileira labora por conseguinte em uma contradição que tarde ou cedo há de arrastar após si a total ruína do Estado, se a sabedoria do governo e o zelo ilustrado dos cidadãos se não apressam em prevenir uma tão deplorável catástrofe. (*Niterói*, p.133-4, v.II, grifos meus)

Em seguida, expõe o núcleo central de sua proposta, objetivada já no título do artigo:[12]

> À sabedoria do governo (compreendendo debaixo desta denominação todos os poderes políticos do Estado), pertence emendar e completar o edifício constitucional. Ao zelo ilustrado dos cidadãos pertence dar uma conveniente direção aos capitais e ao trabalho, elementos da produção e da indústria. Aumentar o número de braços livres e produtores; multiplicar e variar os ramos da indústria com o fim de fazer participar cada dia mais e mais o gozo da liberdade os que, por sua própria utilidade, só gradualmente devam ser a ela admitidos; e enfim criar para todas as classes uma educação, e para todas as capacidades um emprego: tais são os objetos que todos os Brasileiros se devem propor como alvo de seus patrióticos esforços. (Ibidem)

No artigo de Torres Homem, se torna ainda mais claro o seu entendimento do processo tecnológico enquanto elemento de suma importância para o desenvolvimento da inteligência humana:

> Recorrendo à potência do vapor, e das máquinas em vez do trabalho muscular do escravo, a sociedade moderna teria feito precisamente aquilo que reclamam os interesses da indústria, isto é, o operar sobre a matéria por intermédio da matéria, como condição única de sucesso e reservar a intervenção do trabalho dos órgãos físicos a não ser outra coisa mais do que a expressão da inteligência, como na marcha do navio intervém a mão do piloto. (*Niterói*, p.47, v.I)

---

12 Este artigo faz alusão a uma experiência, em curso na Bahia, com a formação de uma Sociedade de Colonização que, segundo o autor, era exemplo a ser seguido por outras regiões brasileiras.

SER GENÉRICO

Não parece, portanto, que se encaixe aqui uma indisposição romântica contra a mecanização do mundo. Ao contrário, a máquina é vista como extensão do próprio homem, possibilitando-lhe a realização da inteligência e das necessidades orgânicas. Ou seja, em vez de fazerem a crítica,[13] ocultam o fato de que "as qualidades humanas do trabalhador só existem na medida em que existem para o capital, a ele alheio" (Marx, *Manuscritos econômicos e filosóficos*). Ou seja, as necessidades e satisfações da propriedade privada, afirmadas na forma de "lei natural" são repassadas ao trabalhador. Conseqüentemente, observa-se que, em oposição ao homem escravo real, propõe-se, idealmente, um homem abstratamente livre, um "ser genérico" sutilmente substantivado pelo conteúdo diferencial e imanente da propriedade e do trabalho assalariado:

> ... É mister aprontar aos homens inteligentes e empreendedores os capitais precisos para as suas empresas, do momento em que elas houverem sido calculadas com circunspecção e acerto. É mister assegurar aos homens industriosos qualquer que seja a sua condição, tráfico ou ofício, um emprego conforme o seu estado e circunstâncias, a fim de que jamais lhes faltem os meios de poderem granjear por via de honesto trabalho, a decente sustentação de suas pessoas e famílias. (*Niterói*, p.135, v.II)

Nas sociedades modernas, ao contrário do que ocorre naquelas que alimentam o regime de trabalho escravo, é incentivada a capacidade intelectiva do trabalhador livre. Mas, em nenhum momento, na revista *Niterói*, encontra-se enunciada a expressão

---

13 Não há aqui intenção de tornar semelhantes a crítica (propondo a fuga) dos românticos à mecanização do mundo e a crítica revolucionária (propondo a superação) da questão realizada por Marx. Fundamentalmente, aqueles, "em nome do natural, do orgânico, do vivo e do 'dinâmico' ... manifestam uma profunda hostilidade a tudo o que é mecânico, artificial, construído. Nostálgicos da harmonia perdida entre o homem e a natureza à qual dedicam culto místico, eles observam com melancolia e desolação os progressos do maquinismo, da industrialização, da conquista mecanizada do meio ambiente" (LÖWY & SAYRE, 1995, p.62-3).

"trabalho livre e assalariado", porque, como se viu, já na época de sua publicação, tal expressão carregava um forte conteúdo político que seus editores reservavam às inconveniências do trabalho escravo para a sociedade brasileira. Em relação à "liberdade do trabalho", seus propósitos eram fundamentalmente retóricos, persuasivos e antecipadamente ideológicos porque, respeitadas as necessidades que viam de sua implementação no Brasil, ocultavam os fatores de alienação inerentes à forma assumida no capitalismo.[14]

> Certo que são as regiões do Sul o Jardim dos Estados-Unidos, mas a Carolina olvidava de meter em linha de conta, que são as árvores desse Jardim regadas com o *suor do escravo, suor venenoso*, que as impede de florescer, ao mesmo tempo que a terra do Norte, dado que com ela a natureza se mostrasse um tanto esquivosa, rende-se todavia aos esforços engenhosos e perseverantes do *trabalhador livre* e lhe acode com os seus tesouros. É unicamente o *trabalho esclarecido do homem quem riquezas cria*, quem imprime valor aos objetos que o cercam; sem ele as mais favorecidas regiões do globo nenhuma vantagem e utilidades acareariam à existência da raça humana (*Niterói*, p.74-5, v.I, grifos meus).

DENOMINADOR OCULTO

Com base no que foi dito anteriormente, a revista *Niterói* parece ilustrar uma de suas características essenciais: a concepção *abstrata* de homem e de atividade produtiva. Mas, é interessante observar que o projeto nela contido não toca, nem de passagem, no confronto dessa problemática com a questão da propriedade

---

14 A apologia ideológica do trabalho livre obscurece o fato de que "mesmo se a comunidade [no caso, a brasileira] se tornar dona do capital e o princípio da igualdade dos salários for posto em prática, na medida em que a comunidade não é mais do que uma comunidade de *trabalho* (isto é de trabalho assalariado), a relação de alienação sobrevive de uma forma diferente. Nessa nova forma, o trabalho é elevado a uma 'universalidade imaginária', mas não conquista o nível propriamente humano, não se torna digno do homem, 'não surge como um fim em si', porque é limitado por outra universalidade imaginária: 'a comunidade concebida como o capitalista universal'" (MÉSZÁROS, 1981, p.118, grifo do autor).

TRÊS DEVOTOS, UMA FÉ, NENHUM MILAGRE 169

privada no Brasil.[15] E, mais uma vez, esse parece ser antes um recurso proposital do que ignorância ou desprezo pelo problema. Vejamos.

Em 1836, o Brasil permanecia um país essencialmente agrário, desde os primeiros tempos do processo de ocupação das terras, vigorou a constituição da grande propriedade monocultora. Nesse sistema não havia lugar para a pequena propriedade na economia brasileira voltada, então, "exclusivamente para a exploração em larga escala de produtos de alto valor comercial como o açúcar, o algodão, o café, a borracha, o cacau; e assente no trabalho de escravos ou semi-escravos que formavam a massa camponesa do país. As condições econômicas fundamentais do país e a estrutura social que sobre elas se constituíra tornavam inviável uma organização agrária democrática e de larga repartição da propriedade fundiária" (Prado Júnior, 1977, p.249).

Desde 1822, ano da Independência, o fim do regime das sesmarias encerrava um longo período no qual vigorou essa forma excludente de distribuição das terras no Brasil. Só em 1850 é decretada a decisiva *Lei de Terras*,[16] após sete anos de gestação.

Nestes trinta anos, em que não prevaleceu qualquer dispositivo legal de regulamentação da propriedade das terras brasileiras, toma impulso a lavoura cafeeira, o "último latifúndio típico a surgir das entranhas da sesmaria" (Guimarães, 1981, p.77). No mesmo período, "desmoronavam-se, sem que nada nem ninguém pudesse evitar, os sacrossantos preceitos que resguardaram, por centenas de anos, os privilégios do sistema latifundiário. As invasões dos terrenos virgens e abandonados por multidões de intru-

---

15 Ao tratar da questão da propriedade de terras no Brasil, toma-se como hipótese a posição da revista a esse respeito, já que em qualquer passagem alude ao tema.

16 A Lei de Terras, de n°601, é de 18 de setembro de 1850, "dispondo 'sobre as terras devolutas do Império e acerca das que são possuídas por títulos de sesmarias sem preenchimento das condições legais, bem como por simples título de posse mansa e pacífica'. Logo no art. 1° proibiam-se as aquisições de terras devolutas por outro título que não o de compra, exceptuadas as que se localizavam nos limites do Império, em uma zona de dez léguas, as quais poderiam ser concedidas gratuitamente. Instituiu-se, dessa forma, uma duplicidade de sistemas: compra e venda como regra; concessões gratuitas nas áreas fronteiriças" (PRUNES, 1962, p.20).

sos e posseiros haviam colocado os senhores rurais diante de um fato consumado: não seria mais possível deixar de reconhecer a *posse* como uma forma legítima de ocupação da terra" (Idem, p.121-2, grifo do autor).

Despertava, assim, uma economia independente, fruto do rompimento com lastros monopolistas coloniais que, vigorando durante três séculos, foi uma das razões mais fortes pelas quais, no Brasil, as forças produtivas permaneceram estagnadas. "Entretanto, outras forças se conjugavam para refrear este crescimento: ao monopólio colonial metropolitano, viriam substituir os açambarcadores reinóis que dominavam o comércio da Colônia e, externamente, os monopólios ingleses que dominavam o comércio mundial" (Ibidem).

Muito provavelmente, entre os colaboradores da revista *Niterói*, predominasse uma adesão à política de "braços livres" para as grandes lavouras, o que, de forma intrínseca, significa que vetavam, ideologicamente, a distribuição das terras entre pequenos cultivadores.

No artigo "Educação Industrial" de Silvestre Pinheiro Ferreira, é clara a disposição de contribuir para o disciplinamento de jovens que, potencialmente, poderiam tanto compor uma reserva de trabalho assalariado, quanto irromper contra o predomínio da grande propriedade no Brasil:

> Os estabelecimentos criados pelas leis [de instrução pública] têm unicamente por objeto fornecer à mocidade os meios de adquirir os conhecimentos precisos para as diferentes carreiras científicas ou industriais; mas na instrução não se encerra tudo o que se entende e deve entender por educação verdadeiramente nacional. Para satisfazer a tudo quanto esta expressão encerra em si, ao menos quanto cabe no alcance d'uma sociedade, é necessário que os alunos, ao mesmo tempo que recebem uma instrução própria a desenvolver o seu entendimento, adquiram os princípios de moral e os hábitos de ocupação e indústria, sem os quais a instrução, longe de aproveitar ao indivíduo, só serve de convertê-lo num incorrigível inimigo moral e da sociedade. (*Niterói*, p.136, v.II)

Na verdade, o artigo dispõe sobre uma mesma intenção com duas dimensões diferentes; ou seja, o disciplinamento da juventude brasileira, baseado na instrução para as artes e os ofícios, assim como nos ensinamentos da moral e dos bons costumes, garanti-ria, em primeiro lugar, que essa juventude, ocupada com o traba-lho industrial, desinteressar-se-ia de investir no trabalho indepen-dente das pequenas lavouras, e, também, evitaria que viesse a despertar para teorias críticas à exploração do trabalho. Essa é uma razão considerável para que, adeptos da Economia Políti-ca,[17] não fizessem nenhuma alusão à propriedade privada e con-fundissem, "em princípio, duas espécies muito diferentes da pro-priedade privada, uma das quais está baseada no trabalho próprio do produtor, e outra sobre a exploração do trabalho alheio. Es-quece que a última não apenas é a antítese da primeira, como também que cresce unicamente sobre o seu túmulo" (Marx, s. d., Livro I, cap. XXV).

Uma passagem do artigo "Filosofia da Religião" de Gonçal-ves de Magalhães é bastante interessante para demonstrar o te-mor que alimentavam em relação à juventude advinda, principal-mente, das camadas médias que tendiam a aderir aos movimentos populares e que, segundo se observa, foi um dos alvos para o enquadramento de suas idéias persuasivamente moderadas:

> E que energia enfim revela esta mocidade enervada pelas doutrinas do prazer, que se enfatua com uma falsa aparência da ciência, e que ajuíza, critica, e decide das coisas mais sublimes com a mesma petulância e ostentação de uma charlatão público das ruas de Paris. (*Niterói*, p.33, v.II)

---

17 O artigo de Silvestre Pinheiro Ferreira é expressamente crédulo nas doutrinas da economia política liberal ao dizer o seguinte: "Um estabelecimento deste gênero só pode ser fundado por uma sociedade particular, e não pelas leis gerais nem pelo Governo, no estado atual da organização social; por quanto seria um funesto presente, assim para os alunos, como para a sociedade, o ensinar um número qualquer de mancebos em tal ou qual profissão, sem primeiro calcular a demanda de pessoas hábeis nesse ramo de indústria" (*Niterói*, p.136, v.II). É provável que o autor se refira à *Sociedade Auxiliadora da Indústria Nacional* que, nos anos que se seguiram à Independência, empreendeu esforços para "criar uma indústria nacional, que se revelaram na ação consciente de alguns homens" mas que logo viram-se frustrados. "A indústria pereceu no nascedouro incapaz de fazer frente à invasão de produtos manufaturados europeus, principalmente os ingleses, favorecidos por tratados comerciais. Reafirmava-se a vocação colonial: o Brasil parecia fadado a fornecer a Europa matérias-primas e a dela receber manufaturas" (COSTA, 1979, p.136).

Pois bem, em que pesem o fatores subjetivos de suas idéias reformadoras em relação à instituição do trabalho livre, no plano objetivo, a revista *Niterói* parece assenti-la desde que inserida no universo da ordem que garantia a predominância das grandes lavouras consagradas ainda no período colonial, que tanto criticam. Nesse sentido, predomina em seu pensamento um paradoxo, perfeitamente conciliável para a época e para suas relações políticas e intelectuais, que envolve tanto a vontade de mudar como a necessidade de conservar. Ou seja, um pensamento muito mais inclinado para a "descontinuidade na continuidade" do que o seu contrário.

DEGENERESCÊNCIA E SALVAÇÃO PELO ALTO

Ao formular a crítica da escravidão e sugerir os benefícios da economia burguesa para o Brasil, a *Niterói* não estaria concebendo um conteúdo essencialmente anticapitalista. Nem mesmo os artigos que tratam do estado das artes e da cultura no Brasil parecem hostilizar a ação devastadora do sistema capitalista principalmente no que se refere ao "fracionamento da totalidade concreta em especializações abstratas".

O trecho a seguir, extraído do artigo "Sobre a música", de Araújo Porto alegre, poderia dar alguma idéia de que estivesse resvalando uma crítica à mercantilização da arte:

> Entre nós ama-se em delírio a Música, mas despreza-se de alguma maneira os músicos: os ricos trocam de bom grado o seu dinheiro pelas lições do artista, recebem-nos com prazer em seu interior, mas talvez se envergonhem de ser seus amigos; os nossos músicos estão longe do labéu de imoralidade, ao contrário, são bons pais de família, vivem em harmonia recíproca, têm uma caixa filantrópica, conservam toda a independência que podem, têm um só defeito, e grande para o artista, neste século, serem pobres! (*Niterói*, p.180, v.I)

Entretanto, o autor censura, na verdade, o ambiente desfavorável à valorização das artes no Brasil, resultado de uma civilização decadente, como demonstra em seguida:

TRÊS DEVOTOS, UMA FÉ, NENHUM MILAGRE   173

A arte da música marcha na decadência em que a colocou nossa Administração Governamental, destruindo da Capela Imperial a única flor, que nos punha a par das nações civilizadas, e que nos distinguia sobre toda a América. Giramos no círculo das reformas, e economias, mas o sumidouro das necessidades de dia em dia abre as faces, e pede ouro; abate-se um muro, e não se cultiva o terreno, que ele enchia, antes se deixam os fragmentos esparsos! Ah! Senhor Deus... Voltemos à Música. (Idem, p.182)

Mas, de uma maneira geral, da sua leitura emana esperança, entusiasmo com o futuro e não encara o presente como "expressão de uma fatalidade, uma calamidade pelo que procuram – ao menos sentimentalmente, idealmente – refugiar-se em sociedades mais primitivas, assumindo, deste modo, uma posição que devia inevitavelmente naufragar e assumir características reacionárias" (Lukács,1965, p.22).

Uma hipótese leva a crer que se o projeto da *Niterói* naufragou foi exatamente porque a base social brasileira sucumbiu às forças politicamente reacionárias que tanto criticaram. Da mesma forma, vêem, sim, o presente como "expressão de uma fatalidade, uma calamidade", que cedeu espaço à transcendência colonial que combatiam. Para eles, portanto, o universo burguês, devidamente espiritualizado, seria a redenção da cultura e das artes no Brasil e não o contrário.

A Deus praza, que este perigoso fermento, que entre nós gira, este germe, ressaibo ainda da não apurada educação, e sobretudo a escravidão, tão contrária ao desenvolvimento da indústria e das artes, e tão perniciosa à moral, não impeçam sua marcha e seu engrandecimento. (*Niterói*, p.141, v.I)

Ou seja, não havia contradição ou oposição entre o desenvolvimento das forças produtivas e a cultura; ao contrário, o desenvolvimento desta seria tributário daquele:

O mundo do século XIX admite, e compreende tudo; compreende a jurisprudência, a guerra, a religião, a filosofia, o belo da poesia e das artes; ele é suscetível de veneração, de admiração e até de entusiasmo para Napoleão, Willbeforce, Byron, David e Hegel, mas por momentos, quase sob a forma de distração. Sua idéia fixa, porém, a idéia fixa de todo o mundo não é aí, que se

174 MARIA ORLANDA PINASSI

cifra; o pensamento dominante está em outra parte. As sociedades modernas são essencialmente produtoras industriais, voltadas ao acréscimo da riqueza. O mundo moderno com suas estradas, canais, caminhos de ferro, com suas engenhosas oficinas, máquinas de vapor, bancos, instituições industriais de todos os gêneros, apresenta o aspecto de um vasto *bazar*, e de uma imensa fábrica. Na hora em que traçamos estas linhas, a indústria, conquistadora irresistível, tem tudo invadido a Europa. No asilo do cenobita fia-se algodão; as torres cedem lugar às chaminés das máquinas de vapor; a igreja gótica é transformada em armazém, a solidão dos bosques turbada pelas pancadas do machado do fornecedor das fundições, ao fim os fornos, o fumo, os ciclopes expeliram desapiedadamente o caçador aventuroso e o pio solitário. (*Niterói*, p.80-1, v.I, grifo do autor)

RAÇAS TRISTES[18]

As passagens anteriores dão alguma idéia de que a revista seria fruto de produtores da esfera ideológica, de criadores de produtos ideológicos de uma classe inexistente no Brasil. Antes crítica antiabsolutista do que anticapitalista, portanto, apologeta da universalidade burguesa, seus "pensamentos se orientavam menos face o ser que o dever; seu propósito fundamental não consistia em elaborar tendências ocultas no ser, senão pressupor mentalmente um mundo ideal, sonhado" (Lukács, s. d., p.15).

Para eles, esse *ser* (interno) estava, com exceção talvez do índio, condenado por características bastante negativas. Os colonizadores eram homens "*condenados ao patíbulo*", retirados das "*cadeias de Lisboa, para vir povoar o Novo Mundo*". Assim, o Brasil nasce "sobre todos os gêneros de vícios e crimes", cujos homens "mais ignóbeis, corrompidos pela devassidão" carregam para o futuro, "fatal preconceito, que ainda hoje medra entre Portugueses" de ser o brasileiro oriundo "de uma raça degenerada" (Magalhães, 1864, p.139, v.I). Por outro lado, a África, "essa terra povoada com a raça amaldiçoada de Cam" deu ao Brasil

---

18 A composição racial brasileira, imersa em tristeza e melancolia, é uma temática bastante desenvolvida pelo pensamento brasileiro nas primeiras décadas do século XX; entretanto, como se vê aqui, corresponde a uma preocupação central já nos inícios do século XIX. Consultar a respeito BERRIEL, 1994.

uma "ruim laia da população", de "suor venenoso ao solo" e "incapaz de inteligência, habilidade e zelo" pela "desgraçada conformação de seu crânio, como pelo embrutecimento e má vontade inseparável da condição servil."

Os índios só se salvaram do primitivismo rústico, do cativeiro e da degeneração que acometia brancos e negros graças a sua disposição de acatar os ensinamentos dos Jesuítas missionários, amoldando-se ao Cristianismo e à civilização (*Niterói*, p.156, v.I). A esse respeito, é preciso considerar pelo menos um aspecto particularmente apreciado pelo romantismo e que, na revista *Niterói*, aparece com variações dignas de registro.

O indianismo, por exemplo, normalmente reputado à geração da *Niterói*, vai ser de fato desenvolvido com características marcadamente românticas a partir de Gonçalves Dias (*Os Timbiras*, 1857) e José de Alencar (*O Guarani*, 1857). Antes deles, ainda no século XVIII, a temática está representada na literatura brasileira, especialmente, por Santa Rita Durão (*Caramuru*, 1784) e Basílio da Gama (*O Uraguay*, 1769).[19]

Com base na leitura do artigo "Ensaio sobre a Literatura do Brasil" (*Niterói*, p.132-59, v.I) de Gonçalves de Magalhães, observa-se que o conceito, ou melhor, suas impressões sobre os indígenas, fica no meio do caminho entre aquelas duas gerações. Ou seja, antes de romper com a visão mítica do índio-signo, introduz nela fundamentos de ordem religiosa, adensando o significado daquilo que realmente importava para a sua visão de mundo: o Cristianismo, que seria o elemento redentor do índio tanto em seu primitivismo constrangedor como no do extermínio e perversidades do colonizador.

---

19 Cf. CANDIDO (1981, p.21, v.2), a conotação romântica altera o enfoque neoclássico dado ao tema indianista de "índio-signo" para "índio-personagem". Ou melhor, enquanto para aqueles, "concebido e esteticamente manipulado como se fosse um tipo especial de pastor arcádico, o índio ia integrar-se no padrão corrente de homem polido; ia testemunhar a viabilidade de incluir-se o Brasil na cultura do Ocidente", por meio da superação das suas particularidades, para os românticos, aquele "espírito cavaleiresco é enxertado no bugre, a ética e a cortesia do gentil homem são trazidas para interpretar seu comportamento".

Numa passagem do artigo, é possível observar a característica arcádica:

> Entre os gentios são os músicos muito estimados, e por onde quer que vão são bem agasalhados, e muitos atravessaram já o sertão por entre seus contrários sem lhes fazerem mal. Tal veneração para os poetas, e músicos, lembra-nos esses Trovadores, que de Estado em Estado livremente peregrinavam, e ante quem se abriam as portas dos castelos da média idade; e ainda a respeitosa magnanimidade do grande conquistador antigo para a família do Lírico Grego. (*Niterói*, p.156, v.I)

Noutra passagem, Gonçalves de Magalhães ressalta a positividade da intervenção jesuítica sobre a cultura indígena:

> Por meio destas duas potências [a poesia e a música], sabiamente empregadas pelos jesuítas missionários, os selvagens abandonavam seus desertos, e amoldavam-se ao Cristianismo, e à Civilização ... Os Apóstolos do Novo Mundo, tão solícitos no deserto do Brasil na propaganda da Fé católica, compunham em linguagem Tupi alguns hinos da Igreja para substituir a seus cânticos selvagens. (Idem, p.156-7)

Fundamentalmente, observa-se que o índio aparece como espectador passivo de um embate travado para além dele. De um lado, se vê presa dos portugueses que tinham "trato viilíssimo salteando os pobres índios, ou nos caminhos, ou em suas terras, servindo-se deles e avexando-os contra todas as leis da razão". De outro, os jesuítas traziam a liberdade e a elevação do índio à condição de homem, "capazes porisso da fé de Cristo" (Ibidem).

Na verdade, o conflito se estabelece entre duas culturas civilizatórias, uma degenerada e outra redentora, no meio do qual os heróis não são os índios, tal como o foi Peri, e, sim, os Apóstolos do Novo Mundo, peregrinando pelos sertões para levar a palavra de Deus.

> Ministros de Deus, varões sublimes, dignos filhos de Cristo, Anchieta e Nóbrega, como a posteridade é ingrata! Esses que cavam canais, e descrevem estradas na terra de Santa Cruz, inda nunca lembraram-se de elevar uma estátua, ou um padrão a vossa memória, nem ao menos se lembram que essa terra foi conquistada por vós, e lavada com o vosso sangue! (*Niterói*, p.171, v.I)

TRÊS DEVOTOS, UMA FÉ, NENHUM MILAGRE 177

O convívio dessas três raças – uma primitiva e duas degeneradas – só podia resultar numa sociedade de características profundamente negativas; uma sociedade que, acima de tudo, repelia o sentido cristão e religioso,[20] fundamental ao processo civilizatório, "fonte da filosofia, base da moral, origem do entusiasmo e criadora das artes". Para eles, tal era o caráter brasileiro herdado do passado, razão pela qual o homem, naquele estágio histórico atrasado, encontrar-se-ia num nível incrivelmente baixo do ponto de vista econômico, político e social. A permanência de tais características, tão humilhantes para uma nação, invitavam tarefas e objetivos voltados para uma acentuada necessidade de reorientação histórica.

> O Cristianismo, somente o Cristianismo é o fundamento da civilização moderna; foi ele quem salvou os restos da antiga; dele saiu a Filosofia, o Estado, a Moral, a Moral sem exemplo, a Indústria, as Artes e a Poesia; em torno do Cristianismo se colocam os mais sublimes gênios, de que se enobrece a humanidade; os Agostinhos, Newton, Leibniz, Dante, Carlos Magno, Tasso, Michelângelo, Rafael, Bossuet e Fenelon inspirados foram pelo Cristianismo. (*Niterói*, p.23, v.II)

A irreligiosidade do colonizador português que, por isso mesmo, repelia os ensinamentos da moral cristã, em nome das pai-

---

20 É de Chateaubriand a fonte inspiradora que leva a fundir cristianismo e religiosidade, repercutindo na literatura e na reformulação da idéia de natureza que dominou na Ilustração: "Ó quanto o poeta cristão é mais favorecido na solidão em que Deus com ele passeia! Livres desses bandos de deuses ridículos que os limitavam por todas as partes, os bosques se carregavam de uma divindade imensa. O dom de profecia e de sabedoria, o mistério e a religião parecem residir eternamente em suas sagradas profundezas". Após fazer uma descrição quase poética das virgens florestas americanas, coloca o viajante diante de uma situação a quem "um prazer desconhecido, um temor extraordinário fazem palpitar seu seio como se estivesse para ser admitido a algum segredo da Divindade: ele está só no fundo das florestas, mas o espírito do homem preenche com segurança os espaços da natureza – e todas as solidões da terra são menos vastas que um só pensamento de seu coração". Com isso, a natureza se impregna de religiosidade, converte-se em "teofania", e foge do "sistema de leis", racionais ou físicas, comandando a vida natural e cultural a que esteve submetida na Ilustração (1952, p.203-44).

xões e dos interesses materialistas, foi a causa de todo o mal e está na origem de seu antilusitanismo:

> Legado funesto, que de Portugal herdamos, foi sem dúvida o desprezo para tudo o que há aí de grande e de desinteressado: o amor do dinheiro, a ambição do mando; e não o amor da glória, a ambição de louvores lá dominaram, e por desgraça também dominam em nossa Pátria. (*Niterói*, p.27, v.II)

"OH! TERRA DE IGNORANTES!..."[21]

É interessante notar que a moral dos interesses, do materialismo, do dinheiro, que os românticos europeus criticam na moderna sociedade burguesa, são aspectos que, na revista *Niterói*, servem para desqualificar [quase] tudo quanto representava, no presente, o passado do colonizador português no Brasil. Daí se origina o veto que faziam às idéias sensualistas do século XVIII que, conforme a revista, imperavam no Brasil com todo o seu cortejo de consequências:

> Ninguém dirá certamente que aí domina a Moral do dever, a Moral religiosa. A Moral livre é a única que aí se conhece, a Moral do interesse, tal como ensinara Helvetius, é a única praticada. O Tratado de Legislação de Bentham é o código dos Legisladores. A Filosofia ensinada nas escolas à mocidade é a das sensações; a teoria de Condillac, de Cabanis, e de De Tracy, teoria, que em rigorosa conseqüência no materialismo depara, é a geralmente conhecida, e abraçada como um dogma, como uma verdade incontestável, enfim como a última expressão da filosofia. (*Niterói*, p.31, v.II)

Uma sociedade desprovida de espírito cristão, que privilegiou o trabalho escravo em detrimento da liberdade humana, produziu um ambiente propício à imoralidade, ao vício, à inaptidão para o exercício da inteligência, ao preconceito contra o trabalho e à preguiça:

---

21 A expressão é de D. J. G. de Magalhães que a profere na sua volta da viagem à Europa (1837) assim que, ainda do navio, avista a cidade do Rio de Janeiro. Consultar a respeito ROMERO, 1943, p.109, t.3.

TRÊS DEVOTOS, UMA FÉ, NENHUM MILAGRE 179

Fugindo do sentimentalismo pueril, assim como também de um cinismo insolente, maus meios um e outro de raciocinar em matéria tão grave pelas suas consequências, nós procuraremos, para a solução da questão, na vida de alguns povos possuidores de escravos o gênero de influência, que sobre a sua marcha industrial exercera a escravatura, e logo desde o primeiro passo nesta investigação daremos fé de dois fatos assaz notáveis: 1º) o desprezo da classe livre para quantas ocupações têm por fim dar utilidade e valor aos objetos da natureza material para a satisfação das humanas necessidades: as únicas profissões, que pelo contrário assomam ao galarim, as únicas condecoradas com o timbre da pública estima, são as que ministram meios de influência, e de ação sobre outros homens, ou sobre a sociedade; 2º) decadência da agricultura e das artes, pobreza mais ou menos geral. Uniforme, invariável e absoluta é a verificação histórica da relação existente entre estes dois fatos e a escravatura. (*Niterói*, p.40, v.II)

Duas passagens particularmente felizes mostram a composição de sociedades escravocratas, carcomidas pela "podridão dos hábitos e da decadência dos valores" que alimenta. Ao comparar o Norte e o Sul dos Estados Unidos, Torres Homem diz:

Com cedo os Estados do Norte purificaram o solo da lepra da escravatura; os Estados do Sul pelo contrário abriram um vasto mercado aos escravos exportados do Norte e da África ... Este oposto estado de coisas surtiu os efeitos que necessariamente deviam surtir. Primeiramente, como o Romano, como o Holandês do Cabo da Boa Esperança, o Americano do Sul dos Estados Unidos desdenha igualmente as profissões industriais e as abandona aos braços e cuidados dos escravos africanos; mas por compensação desdobra uma extraordinária *avidez dos públicos empregos; desprezando toda a ação sobre a natureza material*, ele só forceja por empolgar cargos que o habilitem a influir sobre os outros homens. Como imediata consequência da vilania das ocupações úteis, e do preguiçoso orgulho dos habitantes, os obreiros livres desaparecem dos estados possuidores de escravos... (*Niterói*, p.53-4, v.I, grifos meus)

Já Araújo Porto alegre dá idéia da indiferença pelas atividades espirituais que sobressai neste tipo de sociedade:

O homem degenerado, o Peralta, vai ao teatro e passa a noite inteira a compor os bicos do colarinho, fazendo momices para todo o mundo e lá de vez em quando solta um *bravo*, quando um gorgeio,

180 MARIA ORLANDA PINASSI

ou sutil floreio escapa à *Prima Dona*, e que a platéia responde por uma trovoada de palmas, enquanto efeitos divinos de harmonia passaram pelo alto da indiferença. O retrato icônio de uma sociedade corrupta é a moda; o delírio e a extravagância passeiam nas salas dos bailes personificados na casaca ou no toucado; e o pior é que os homens sensatos estão sujeitos à esta lei para não desatarem o riso do estúpido casquilho, ou da senhora de *bom tom*, que, separados da sociedade humana, da sociedade intelectual, só prestam obediência à autoridade do cabeleireiro, alfaiate ou modista. (*Niterói*, p.176, v.I, grifos do autor)

Uma sociedade formada de homens de espírito fraco e degredado pela escravidão, pelo isolamento e pela opressão colonial, que nutria desprezo pela atividade produtiva, pelo trabalho, fosse ele braçal ou mental, criava o ambiente ideal à proliferação da superstição e do preconceito. Um ambiente que repelia o exercício da inteligência e, conseqüentemente, o desenvolvimento da ciência.

O Brasil apenas conhecido na Europa culta como um vasto e maravilhoso deserto habitado por selvagens antropófagos, começa enfim a merecer a atenção, que justamente reclama sua categoria social. Desde o começo deste século grandes e úteis revoluções tem ele experimentado, de que lhe resultou notáveis desenvolvimentos físicos e intelectuais. Os ricos produtos da Natureza e da indústria, que afluem a todos os mercados da Europa dão uma alta idéia de sua fertilidade. Os viajantes de todos os pontos do globo, que aí vão estender os domínios das ciências Naturais, de volta a sua Pátria, exaltam em seus escritos a magnificiência de suas florestas, a espontânea força produtiva de seu solo, a majestade de seus rios e a grandeza de suas montanhas. (*Niterói*, p.184, v.I)[22]

Com isso, Gonçalves de Magalhães parece repelir justamente o purismo contemplativo da natureza que, apesar de extremamente bela e fértil à imaginação poética, a essencialidade de seu

---

22 Este trecho foi extraído da resenha que Gonçalves de Magalhães publica na seção Bibliografias da revista *Niterói* (p.184-7) por ocasião do lançamento do 1º e 2º volumes da obra *Voyage pittoresque et historique au Brésil, ou séjour d'un artiste français au Brésil, depuis 1816 jusqu'en 1831 inclusivement*, de J. B. Debret.

papel era o de contribuir, *produtivamente*, com a civilização moderna. Para tanto, a revista tinha ainda o intuito de superar o primitivismo e a incultura, alimentos potenciais do misticismo e da ignorância, reclamando o estatuto das ciências.

O artigo de abertura do primeiro volume da revista *Niterói*, "Sobre os Cometas",[23] de Cândido D'Azeredo Coutinho, discorre sobre os progressos da astronomia desde os primeiros registros das passagens dessas estrelas. Ao mesmo tempo mostra as impressões supersticiosas e o temor causado por essas passagens na infância da civilização européia diante do instrumental científico:

> Desde os mais remotos tempos, a generalidade dos homens não viu nos cometas, senão o que lhe ditava uma imaginação exaltada e sem freio; um pequeno número porém só os encarou como objeto de estudo e de reflexão. Assim enquanto os potentados da Europa consultavam os astrólogos, os Chinas passavam as noites em observação. Em 837 apresentando o quarto cometa inscrito na cometografia, o chefe dos Normandos, o toma por sinal de cólera celeste, e para a aplacar, funda mosteiros; por estes e outros meios desenvolve-se a terrível lei do celibato. Em 1456, aparecendo o cometa de Halley, o Papa Calixto II ordena preces públicas contra o cometa, e contra os Turcos, e para que não houvesse esquecimento manda que, em todos os lugares, se tocassem os sinos, na passagem do Sol pelos respectivos meridianos; daí data o costume de tocar ao meio-dia ... Em 1818 o Magazine narrando os grandes feitos do cometa de 1811 acaba seu artigo por estas palavras "o que há de muito notável, é que na metrópole, e em seus subúrbios nasceram muitos gêmeos, e a mulher de um sapateiro de Whitechapel teve 4 filhos de um só parto"... Em 1829, M. Foster publica uma obra sobre este objeto, segundo ela com mui pouca diferença, tudo quanto é mau, é obra dos cometas; nós deixamos de parte a peste, a fome, a guerra, as tempestades, etc. (*Niterói*, p.33-4, v.I, grifos do autor)

O desvendamento dos fenômenos naturais pela investigação científica tendia a desmistificar o encontro do homem com a

---

23 Muito provavelmente este artigo foi escrito sob o impacto causado pelo aparecimento do cometa Halley em 1835 e que suscitou inúmeros trabalhos e debates entre os cientistas da Academia de Ciências da França.

182 MARIA ORLANDA PINASSI

natureza, forjando uma relação plena de benefícios e realização espiritual:

> Quanto a nós os efeitos dos cometas serão superiores aos dos planetas nisto, que eles nos farão conhecer melhor os espaços celestes, abrirão novo e vasto campo ao gênio, avançarão as ciências, e fornecerão sublimes imagens à poesia. (*Niterói*, p.34, v.I)

MISTÉRIOS INSONDÁVEIS

Apesar das revelações científicas, o homem não podia viver sem mistérios, nem o racionalismo seria capaz de substituir *in totum* o seu alimento espiritual. Isso significa que "o homem pela simples força de sua inteligência necessariamente devia entrever que, em oposição ao finito, alguma coisa existia". Essa coisa era a idéia ou a consciência de Deus, diante da qual a ciência se inscreve de forma hierarquicamente subordinada, impotente.

> E vós homens da ciência, vós que pretendeis tudo explicar com sistemas, conheceis vós a substância do Universo, e a que vos constitui? ... Só Deus é sábio, por que só para Ele não há mistérios. ... Há uma ordem de homens que dizem (*sic*): queremos saber tudo, não queremos mistérios. Então excitados pela curiosidade, sustentados pelo orgulho, entregam-se a todas as fadigas da inteligência, e vão convertendo em verdades eternas todas as hipóteses de sua fantasia; e vaidosos de sua própria obra, enamorados dela como Pigmalião de sua estátua, eles pretendem impor suas ilusões como leis universais ... e quanto mais esta verdade se populariza, quanto mais se despe ela do mistério, tanto mais seus encantos perde, e seu valor; e isto caracteriza a progressibilidade do gênero humano, que jamais se farta com o que possui. (*Niterói*, p.14-5, v.II)

Para os redatores da revista *Niterói*, a idéia de Deus, esse mistério infinito, colocado no centro do processo civilizatório, teria, entre os brasileiros, o efeito de "autoconsciência e auto-sentimento do homem que ainda não adquiriu a si mesmo", mas que estaria em busca de sua realização por meio do *"point d'honneur* espiritualista", razão de "seu entusiasmo, sua sanção moral, seu solene complemento, sua razão geral de consolação e justificação" (Marx, 1977, p.1-2). Só a religião cristã seria capaz de sal-

TRÊS DEVOTOS, UMA FÉ, NENHUM MILAGRE   183

var a sociedade brasileira da decadência e da promiscuidade; só ela libertaria o Brasil das amarras do passado e abriria as portas do futuro e do infinito; só a religião, enfim, conseguiria obnubilar, por meio do mistério divino, os verdadeiros mistérios que adviriam das contradições do valor de troca que a ordem burguesa exigia do Brasil, e da qual a revista *Niterói* foi interlocutora ingenuamente sagaz. Essa ideologia antecipatória corresponde à composição de uma "fantástica realização da essência humana", numa situação na qual a "essência humana não [possuía ainda] uma verdadeira realidade" (Ibidem).

A tragédia mais evidente de todo esse processo está na problemática da escravidão, que não se circunscreve ao confinamento e à destruição da humanidade de apenas parte de seus homens; suas conseqüências são bem mais funestas e profundas: como se viu, vão do desprezo pelo trabalho à inapetência para a atividade espiritual.

> Mas que povo escravizado pode cantar com harmonia, quando o retinido das cadeias e o ardor das feridas sua existência torturam? Que colono tão feliz, inda com o peso sobre os ombros e curvado para a terra, a voz ergueu no meio do Universo e gravou seu nome nas páginas da memória? Quem, não tendo conhecimento de sua própria existência, e só de cenas de miséria rodeado, pode soltar um riso de alegria, e exalar o pensamento de sua individualidade? Não, as Ciências, a Poesia e as Artes, filhas da Liberdade, não são partilhas do escravo; Irmãs da glória, fogem do país amaldiçoado onde a escravidão rasteja, e só com Liberdade habitar podem. (*Niterói*, v.I, p.142-3).

Era mister, portanto, resgatar o sentido de moralidade cristã para adentrar o universo da civilização moderna que iria, por meio da transformação do enfoque das paixões e dos interesses, purificar aquela sociedade degenerada pela escravidão e seus vícios:

> Doutro lado os governos, expressão completa dos preconceitos, dos erros e falsos interesses da época, e desvairados pelos motivos daquela economia, que antepõe o trabalho bruto, instintivo e forçado ao livre e inteligente, mantinham e protegiam como altamente útil ao país um gênero de trafego (sic), que sobre o abrir ferida à humanidade, corrompe as nascentes da prosperidade pública. Hoje em dia porém hão rebentado no seio da civilização outras idéias,

outras combinações, outros costumes, outros interesses mais perfeitamente concebidos, que a passo cheio tendem a demolir uma ordem de coisas, que nunca destinada fora a ter futuro e contra a qual está protestando um longo passado. (*Niterói*, p.36-7, v.I).

Mais uma vez, portanto, é possível observar que a *Niterói* identificava aspectos característicos da transição do feudalismo para o capitalismo – desta vez a doutrina pagã – com a cultura corrupta que o Brasil herdara do passado colonial. Ante a decadência da universalidade racionalista, propunha a penetração de elementos morais do Cristianismo em todas as dimensões da emergente nação para que pudesse dissolver lastros da fraqueza humana, dos instintos perversos e das paixões culpáveis daquela sociedade degenerada. O espírito cristão, conduzindo desde a economia e a política até a poesia, sanearia os desvios internos e, no interesse da comunidade histórica internacional, reajustaria sua relação com o mundo exterior. O Cristianismo seria, entre os colaboradores da *Niterói*, pressuposto essencial para o enfrentamento das contradições internas; representaria uma transcendência imaginária dessas contradições, assim como uma reapropriação da essência humana na universalidade divina – o encontro do homem com Deus e o mundo – que substituiria seu estado anterior de isolamento.

No processo de transição, no qual se colocava a revista *Niterói*, entre uma civilização obscura, de conteúdo já degenerado porque destituído de espiritualidade, e uma civilização plenamente moderna, iluminada, configura-se a sua tarefa, o cumprimento de sua "missão história", de sua "predestinação": o de libertar os *grandes homens* – seus *gênios* – para uma nova dimensão material e espiritual que haveria de balizar os caminhos da literatura, da filosofia, da educação, da política, da economia, enfim, de toda a sociedade. Na verdade, sua intenção era realizar uma *catarse* dessa sociedade já no fim de seus tempos, já na fase decadente, no sentido herderiano, de uma história que tolheu o seu desenvolvimento e que, por isso mesmo, era incompatível com as idéias dominantes do século em curso:

> Não, oh Brasil, no meio do geral movimento, tu não deves ficar imóvel e tranquilo como o colono sem ambição e sem

TRÊS DEVOTOS, UMA FÉ, NENHUM MILAGRE 185

esperanças. O germe da civilização depositado em teu seio pela Europa, não tem dado ainda todos os frutos, que deveria dar; vícios radicais têm tolhido o seu desenvolvimento. Tu afastaste de teu colo a mão estranha, que te sufocava, respira livremente, respira, cultiva as ciências, as artes, as letras, a indústria e combate tudo que entrevá-la pode. (*Niterói*, p.145-6, v.I)

O "instinto oculto" a que se refere Magalhães sempre existiu no Brasil, mas nunca pôde sair à luz porque o impedira a mão pesada do colonizador, da ignorância do escravo, enfim, da "sociedade grosseira e imperfeita":

Quando vieram os cristãos do século XVI estabelecer-se na América, aonde vieram semear os germes da vindoura civilização, e associar os destinos do novo aos do antigo hemisfério, assinalaram sua presença por todas as calamidades e horrores, de cuja comitiva andava a conquista naquelas eras constantemente ladeada: por estranho jogo das coisas humanas teve o gênio do mal larga parte em um movimento tão rico de futuro, de potência e de civilização. (*Niterói*, p.33, v.I)

Os elementos disponíveis não faziam justiça ao seu papel civilizatório; sendo assim, a saída seria fixar outros pontos de referência no mundo civilizado da Europa, desde que estivesse inserido no universo revolucionado do capital. Neste sentido, a revista *Niterói* compõe uma novidade editorial porque constitui um programa, uma síntese baseada numa ideologia de caráter antecipatório, vislumbrada por uma intelectualidade pequeno-burguesa aparentemente voluntária de uma causa acéfala no Brasil.

Col. 8. *Rio de Janeiro, Quarta feira 30 de Dezembro de 1835.* **N. 1136.**

Aurora Fluminense.

O derradeiro artigo de Evaristo na *Aurora Fluminense*. (SOUZA, 1957, v.6).

Primeiras ocupações da manhã. Pedintes (DEBRET, 1978, t.II, v.3).

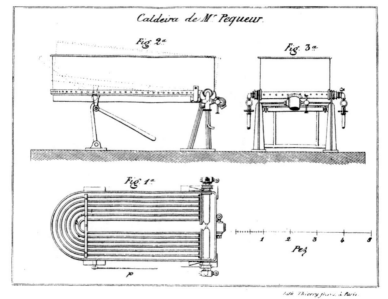

Caldeira de Mr. Pequeur. (Biblioteca Academia Paulista de Letras, v.9, 1958).

7 *LUMEN DA HISTÓRIA*

> "A história diz que as grandes
> reformas se hão feito no mundo
> não a despeito mas à custa dos que
> para ela não se achavam preparados."
>
> *F. de Sales Torres Homem*

De forma concisa, o resultado prático deste estudo pode considerar que encontrou um projeto de idéias, no mínimo, ambíguas. O ponto de partida da análise reconhecia, como verdadeiro, o pioneirismo romântico da geração que fundou a revista *Niterói*. Entretanto, a reconstituição da história concreta paulatinamente demonstrava que seu objetivo renovador, criador de condições novas para a inserção do Brasil na modernidade, numa dinâmica plenamente articulada à esfera mais desenvolvida do capitalismo internacional, inverteria e, conseqüentemente, negaria o sentido original do romantismo. Categorias românticas realmente intercedem na estrutura do seu pensamento, mas isto é feito mais como recurso e oportunidade de traçar uma história nacional para censurar aspectos da vida colonial que continuavam predominando sobre o estatuto independente da nação e impedindo o desabrochar do progresso brasileiro. Seu referencial nem era o passado, posto à crítica, nem parte do presente, que recusa, mas o futuro, idealizado em fundamentos abstratos e antecipatórios. Isso significa que aquelas categorias românticas tiveram função positiva e afirmativa da superioridade civilizatória do capitalismo, ao contrário do romantismo europeu que repudia justamente seu caráter negativo e demolidor. A razão fundamental dessa inversão – e negação – brasileira da essência crítica do romantismo se explica no anacronismo e na herança histórica. Portanto, se a essência é negada ou invertida pelo conteúdo histórico, não há como sustentar a tese romântica do manifesto romântico brasileiro. Supõe-se, então, que se o romantismo, figurando como ponto de partida, não se confirma como ponto de chegada, a *Niterói* estaria constituindo um projeto de configuração burguesa e ideológica sim, mas, de natureza expressamente vulgarizadora. Isso significa que elaborava um raciocínio igualmente distanciado dos clássicos da teoria burguesa, sendo difícil, portanto, identificá-lo como um projeto de configuração neoclássica ou vacilante entre essa forma e a forma romântica.

O fio condutor dessa hipótese relaciona-se ao procedimento metodológico aqui empregado, no qual a "investigação concreta significa, pois, o seguinte: referência à sociedade como um todo ... A referência à totalidade concreta e às resultantes determinações dialéticas aponta para além da mera descrição e introduz a categoria da *possibilidade objetiva*. Ao referir a consciência do todo na sociedade, descobrem-se as idéias, os sentimentos, etc., que teriam os homens em uma determinada situação vital se fossem capazes de captar completamente essa situação e os interesses resultantes dela, tanto no que diz respeito à ação imediata, quanto relativamente à estrutura da sociedade inteira coerentemente com seus interesses, ou seja, as idéias adequadas à sua situação vital" (Abendroth, 1969, p.54-5, grifos meus).

Esse movimento exprime uma totalidade em processo na qual se define que "a imensa transformação das determinações sociais e, por isso, das *alternativas*, não é um fluxo sem direção e sem margens; ao contrário é um fluxo que, depois de ter produzido certas determinações muito precisas, continua a manter-se em seu leito" (Lukács, 1969, p.135, grifos meus). E, na mesma direção, Lukács afirma ainda que "... na sociedade *cada homem existe numa determinada situação de classe* à qual naturalmente pertence à inteira cultura de seu tempo; não pode assim haver nenhum conteúdo de consciência que não seja determinado pelo 'hic et nunc' da situação atual ... uma consciência pretensamente livre de liames sociais, que trabalha por si mesma, puramente a partir do interior, não existe e ninguém jamais conseguiu provar sua existência" (Idem, p.40, grifos meus).

Essa referência de análise converge e ajuda explicar aspectos da formação nacional brasileira, na qual se inclui e para a qual se dirige a revista *Niterói*. A *possibilidade objetiva*, por exemplo, já era divisada pelos limites brasileiros ante os imperativos e decisivos interesses da burguesia internacional. A sociedade brasileira adentrava o circuito das nações civilizadas e modernas, em condição de igualdade jurídica; haveria de assumir, em conseqüência e por pressão, um dinamismo relativamente mais intenso na economia, mas o artigo de Torres Homem, "Comércio do Brasil", citado no capítulo anterior, dá idéia da subalternidade, ainda colonial, do Brasil na luta concorrencial de seus produtos contra o monopólio dos países centrais. Da mesma forma, guia-se tentando definir os rumos da política liberal sustentada pelo escravismo. Mantinham-se intactas, portanto, heranças vitais do período colonial, entre as quais se destacam o regime de trabalho escravo e a propriedade fundiária, como elementos de fixação do poder. Tanto a escravidão como a questão da terra, fundações verdadeiramente concretas sobre as quais se assentam e se desenvolvem a sociedade e o Estado nacional, legitimam a dominação da aristocracia agrária e os moldes inovadores da sua continuidade no poder.

O predomínio do continuísmo, que caracteriza a renovação conservadora, no entanto, é resultante de um anacronismo e não de uma anomalia ou deformação histórica passível de cura. Nisto consiste a tragédia brasileira, ou seja, o fato de seu atraso não ser residual, mas estrutural e permanentemente contemporâneo da plenitude desenvolvida do capitalismo. E são estas condições internas, integradas ao movimento internacional, que vão determinar as *possibilidades objetivas* do desenvolvimento brasileiro, assim como a *alternativa* projetada na *Niterói*. Com base nessas determinações, fica clara a percepção enviesada e limitada que os jovens brasileiros, em Paris, no ano de 1836, oriundos de uma

O FIO DE ARIADNE

Parte considerável dos artigos que compõem a revista *Niterói* é antes um esforço teórico de reunir várias áreas do conhecimento que se consideravam necessárias a uma boa *performance* da sociedade brasileira rumo à civilização moderna. Se da leitura brota um sentimento de frustração ante a sintonia desarticulada e medíocre dos autores nas suas incursões pela filosofia, pela cultura, pela política, pela história, pela literatura, pela economia, não se pode esquecer que seus limites intelectuais são reflexo da própria inexperiência brasileira com atividades tanto de natureza espiritual quanto material. Tem, assim, mais a feição dos esforços de reflexão dos ensaísmos, cujo conteúdo refletia, acima de tudo, as indefinições e a incompletude da sociedade em que haviam se educado e para a qual se dirigiam e pretendiam a realização de mudanças significativas. Para isso, deveriam assumir um discurso fundamentalmente persuasivo – muito provavelmente inconscientes da conversão utilitarista e positiva que faziam do romantismo – a incidir, sobretudo, nas elites brasileiras que, por muito tempo ainda, prefeririam lidar com açoites do que com contradições de classe.

Mas de suas construções discursivas emana um misto de simplicidade e de complexidade que ora leva a pensar que sua expectativa pequeno-burguesa não as deixa ultrapassar o nível da retórica idealista, já que a modernidade brasileira era ainda uma abstração, ora parecem adquirir fundamentação ideológica real, visto ser a marcha pela modernização algo concreto e inexorável.

---

1 "Quando Marx diz que não se pode julgar uma época histórica pelo que ela pensa de si mesma, ele não quer dizer – ressalva Gramsci – que os fatos da vida espiritual sejam mera aparência ilusória; não quer dizer que a superestrutura seja composta de irrealidades" (KONDER,1967, p.113).

O fato é que, a princípio, essa ambigüidade é que as tornam de interesse objetivo.

Apesar da diversidade temática e difusa configuração de idéias sobre a sociedade brasileira, num momento infante da sua formação, o fato de, aqui, terem sido trabalhadas na forma de síntese, balizada pelo conteúdo histórico, possibilitou a apreensão de um aspecto intrínseco e particularmente decisivo ao desvendamento de algumas das mais importantes representações do seu pensamento. Trata-se da idéia que emite da *teoria* ou *filosofia da história*, enquanto recurso para entender o papel e medir as possibilidades de desenvolvimento do Brasil ante as transformações ocorridas nos países europeus e, mais importante, ante a divisão internacional do trabalho que se estabelecia a partir daí.

De toda revista *Niterói*, uma frase concentra o núcleo das ambigüidades históricas, e não foi outro o motivo pelo qual foi escolhida para epígrafe deste livro:

> O Brasil colocado noutro hemisfério, noutro continente por muito tempo fora do contato da civilização Européia, tendo de trilhar a estrada, que a nova civilização lhe marca, de nenhum modo pode ter por presente, o presente da Europa, centro hoje da civilização. Impelido mais tarde ao movimento, falto de molas, que o ativassem, lentamente devia tocar os diferentes graus que a civilização Européia, em sua marcha, após si deixara; seu presente é pois o passado ilustrado da Europa. (*Niterói*, p.31, v.II)

Extraída do artigo "Filosofia da Religião" de Gonçalves de Magalhães, a frase baseia-se em toda uma argumentação moral e cristã, presente, aliás, em toda revista, para criticar o ateísmo e o universalismo enciclopedistas. A expressão "Seu presente é pois o passado ilustrado da Europa" pressupõe, além da destinação igualitária, uma identificação mecânica da Ilustração com a mentalidade arcaica dominante no Brasil herdada do período colonial, fazendo parte, ambas, de uma civilização decadente, com a qual era preciso romper. Há, pois, nessas palavras um duplo sentido a considerar, um reacionário e outro progressista: negando a Ilustração, estaria negando, fundamentalmente, a sua essência revolucionária; enquanto a negação de reminiscências coloniais – determinantes, diga-se de passagem – equivaleria à negação da história estática, atrasada, imitada do Brasil.[2] Ateísmo e decadência que, no entanto, não seriam superados pelos acontecimentos de 1789, mas, por Bonaparte e, mais tarde, pela Monarquia de Julho. Assim nasce uma nova civilização, baseada na harmonia cristã, na valorização da indústria e das artes, na concorrência igualitária; apartava-se, enfim, da moral egoística, dos interesses pagãos, da violenta acumulação com a qual o Brasil contribuiu sem que lhe fosse permitido desfrutar a parte boa daquela civilização. Ao render tributo à nova, vislumbrava-se um futuro de plena felicidade para o "povo brasileiro".

A proximidade com a realidade francesa, advinda do festejado "8 de Julho", assim como o distanciamento da terra natal, vivenciada nos limites ilustrados da vida carioca, favorecem o confronto entre dois mundos diferentes em quase tudo, diferenças, entretanto, que seriam amenizadas pelas perspectivas otimistas de inter-relacionamento entre o "ser" e o "vir-a-ser" civilizado, cristão e próspero.

As diferenças entre os dois mundos – a França e o Brasil – eram interpretadas como produtos não sintonizados de realidades físicas e históricas particulares, tendentes a resultados idênticos que, necessariamente, levariam à universalidade burguesa.[3] Me-

---

2 Bem diferente é o sentido das palavras de Marx na *Crítica da filosofia do direito de Hegel*: "A luta contra o presente político alemão é a luta contra o passado dos povos modernos, ainda aflitos por reminiscências desse passado" (1977, p.4).

3 "A história do pensamento brasileiro atesta que nessa visão do Brasil, ante o desenvolvimento europeu, predominou, até mais ou menos o decênio de 1930, a "noção de 'país novo', que ainda não pudera realizar-se, mas que atribuía a si mesmo grandes possibilidades de progresso futuro. Sem ter havido modificação essencial na distância que nos separa dos países ricos, o que predomina agora é a noção de 'país subdesenvolvido'. Conforme a primeira perspectiva salientava-se a pujança vital e, portanto, a grandeza não realizada. Conforme a segunda, destaca-se a pobreza atual, a atrofia, o que falta, não o que sobra" (CANDIDO, 1981, p.140). Substancialmente, ambos os enfoques resultaram numa dualidade interpretativa que "vem a ser o maior lugar comum de pelo menos dois séculos de nossa história intelectual, centrada sem exceção, do romantismo ao realismo das teorias da dependência, na idéia de que na metrópole reside o núcleo produtor das relações socioeconômicas, do qual a colônia apenas repercutiria as de-

diante a liberdade conquistada com a Independência e a responsabilidade de conduzir suas próprias experiências, o distanciamento temporal entre o "ser" e o "vir-a-ser" reduzir-se-ia às condições favoráveis ou não ao desenvolvimento das *particularidades preservadas* de cada país e à capacidade de superação dos obstáculos impeditivos à posse do mais alto nível civilizatório:

> Os climas e o solo, que tanto concorrem para o caráter nacional, são os fornecedores das inspirações, e logo que há similitude entre o caráter das nações, e grau de civilização, o resultado musical é o mesmo. A linguagem do homem não é mais do que uma combinação de sons mais ou menos modificados, e que representam as idéias; de sua maior ou menor doçura depende a maior ou menor beleza da representação; as idéias são a natureza, e a linguagem é o artista; do maior ou menor talento deste depende o primor ou a mediocridade da obra. (*Niterói*, p.176, v.I)

Aí reside um bom exemplo da leitura que faziam da teoria da história, ou seja, a plenitude indistinta da civilização burguesa só se realizaria mediante intervenção e desenvolvimento histórico do particular [enquanto transitoriedade para o universal]. Em outras palavras, ao Brasil e somente a ele competia a tarefa de conduzir o seu destino. O caráter empírico desse raciocínio, *relativamente* compreensível para a época, cujo movimento das nações em sua real diversidade – e desigualdade – ainda era pouco transparente, levou-os, redatores e colaboradores da *Niterói*, a mistificar tanto potencialidades internas como externas ao país. Uma problemática dessa mistificação se encontra na solução moral do Cristianismo pairando sobre e conduzindo as mudanças de todas as demais dimensões da vida material e espiritual do país. A outra, relativamente àquela, se refere à apreensão parcial tanto da particularidade, enquanto solo histórico no qual enraízam suas idéias, como da universalidade idealizada do progresso que julgavam ser possível atingir.

---

terminações fundamentais. Segue-se daí o cortejo conhecido das noções bipolares: metrópole e colônia, atraso e progresso, desenvolvimento e subdesenvolvimento, tradicionalismo e modernização, hegemonia e dependência etc." (ARANTES, 1992, p.47).

Ora, se o Cristianismo é uma antecipação conciliatória e uma maneira de ocultar as contradições que adviriam da sociedade de classes no Brasil, o seu conduto é ideológico porque, já no ano de 1836, essas contradições se mostravam sensíveis nas relações desiguais entre "interesses parciais" e o "interesse universal". Antecipavam-se, assim, mecanismos que viriam amortecer condições fundantes às sociedades de classes que, "devido à contradição inerente entre a 'parte' e o 'todo', devido ao fato de que o interesse parcial domina a totalidade da sociedade – o princípio da parcialidade está numa contradição insolúvel com o da universalidade. Em conseqüência, é a crua relação de forças que eleva a forma predominante de parcialidade a uma universalidade fictícia, ao passo que a negação, orientada para o ideal, dessa parcialidade ... deve permanecer ilusória, fictícia, impotente" (Mészáros, 1981, p.33).

A transformação da sociedade escravista numa sociedade burguesa, ainda que subjacente a um processo preexistente e constrangido por interesses externos, processo esse visto tão-somente no plano da positividade, circunscreve-se, na *Niterói*, numa dinâmica que concebe o desenvolvimento histórico não como progresso, nem como ciclicidade, mas como um organismo em crescimento, como um processo de formação da humanidade. Ao transformar sua base social e espiritual, o Brasil estaria, enfim, compreendendo e participando da atividade incessante da *forma* em toda a história da humanidade.

O primeiro contato com a civilização, intermediado pelo colonizador português, havia sido extremamente negativo porque impediu que o Brasil escrevesse sua própria história. O segundo, como conseqüência da Revolução Francesa e da "mão invisível" inglesa, oferecia, enfim, as possibilidades de florescerem aqui as condições ideais para o desenvolvimento. A forma dessa inserção no mundo civilizado seria mediada pela particularidade histórica brasileira na marcha pela superação dos obstáculos levantados no tempo e espaço. Ou seja, diferenciação e integração.

A princípio, o problema colocado pelo "ser" e o "vir-a-ser" deveria, necessariamente, remeter a Hegel (1770-1831), assim como o processo civilizatório, pautado pela preservação das parti-

TRÊS DEVOTOS, UMA FÉ, NENHUM MILAGRE 197

cularidades renovadas, deveria ser a expressão do pensamento de Herder (1744-1803), pensadores que mantinham, na década de 1830, notável influência sobre inúmeras variantes filosóficas. E, a julgar pela quantidade de vezes em que aparecem citados na *Niterói*, pressupõe-se que também aí seriam fonte de inspiração. Realmente foram, mas o problema fundamental é a *mediação* da leitura que realizavam da filosofia idealista alemã.

Do intenso debate travado, ao longo dos séculos XVIII e início do século XIX, em torno de periodizações e categorizações históricas, interessa captar o sentido do confronto entre o idealismo alemão e a filosofia do Iluminismo, assim como verificar o significado desse confronto na interpretação de alguns pensadores franceses como Chateaubriand, Mme. de Staël e, especialmente, Victor Cousin, teórico do ecletismo e inspirador maior das idéias elaboradas na revista *Niterói*.

Um trecho lapidar do artigo "Estudos sobre a Literatura" de João Manuel Pereira da Silva, permite que se observe como concebiam a história:

> O nosso século considera a história de duas maneiras, *ou* particular, *ou* universal. A primeira consiste em escrever, segundo os grandes modelos, os acontecimentos com toda verdade e crítica, em marchar a cada povo seu tipo peculiar, a marcha da civilização, o estado da indústria, e o avançamento e progresso das nações. A esta escola pertencem Thierry, Lingard, Sismondi e Müller, historiadores modernos. A segunda maneira de considerar a história, é filosófica e ideal. Giambatista Vico no século passado estabelece leis universais da humanidade, eleva-se da representação à idéia, dos fenômenos à essência; atendendo ao princípio da natureza idêntica em todas as nações, forma uma história abstrata, não pertencendo a nenhuma; Herder e Hegel continuam no nosso século esta tarefa, e consideram a humanidade, como marchando a um fim, isto é, à perfectibilidade, só sendo o que podia ser, e nada senão o que ela podia ser: arrancam do seio das ruínas da antiguidade e da idade média idéias gerais, princípios eternos desenvolvidos pelos séculos, todas as nações fornecendo um contingente a esses princípios e verdades filosóficas. Guizot em França é desta escola histórica da Alemanha, nele e noutros autores da Alemanha, Niebuhr, Hegel e Herder, deparrão nossos leitores com provas que corroborem o que acima expendemos dos princípios do sistema. O destino e missão de um país é bem mais compreendido, quando diante

dos olhos se tem a carta da humanidade, quando o coração é assaz vasto e ardente para aprofundar a idéia predominante dos séculos, destes espaçosos dramas, cujas conseqüências são inevitáveis, como o princípio e a marcha são necessários, arrastando epopéias ora felizes, ora desgraçadas, ora a glória, ora o opróbrio, transmitindo de época em época a herança do espírito humano, depois de as modificar, nas idéias e nos sentimentos. Acabaremos com a citação de um verso do trágico Alemão: "O novo vem e o velho desaparece", Schiller. (*Niterói*, p.241-3, v.II)

Nessa longa citação está contido todo um ordenamento de problemas. Em primeiro lugar, a interpretação estabelece uma dissensão entre concepções históricas datadas e sedimenta uma visão dualista que, a princípio, torna impossível qualquer ponto de convergência entre o universal e o particular. Em segundo lugar, relaciona, indistintamente, Vico, Herder e Hegel com o Iluminismo e Thierry, Lingard, Sismondi e Müller com uma tendência que teria rompido com o universalismo das Luzes. O jovem libelista da *Niterói* cometia uma imprecisão na caracterização filosófica de Herder e Hegel, os quais, assim como Goethe, Schiller e Kant, entre outros, representavam, de fato, o pensamento do *Sturm und Drang* que justamente estabeleceu confronto com a *Aufklärung*, impondo sobre esta os fundamentos de uma diversidade conflitiva do pensamento, uma pluralidade polêmica e polemizante.

O jovem libelista, provavelmente sem querer, acertava ao relacioná-los na medida em que o confronto aludido não se deu em termos de ruptura, mas de continuidade crítica. Ou seja, para o *Sturm und Drang*, a *Aufklärung* é uma tarefa, um imperativo e uma reivindicação, ao mesmo tempo que se opõe ao seu otimismo desmesurado; apesar da certeza relativamente ao "futuro harmonioso da humanidade", era impossível não ouvir os acordes de um latente pessimismo na avaliação do presente.

Ao analisar *Os sofrimentos do jovem Werther*, de Goethe, Lukács (1968, p.76) se refere ao fato de que no centro desse drama de amor se encontra o grande problema enfrentado pela filosofia idealista alemã: "*o desdobramento livre e omnilateral da personalidade humana*" em contraposição à sociedade estagnada e semifeudal da Alemanha do século XVIII. A observação arguta dos acontecimentos revolucionários na França deu ao idealismo a real dimensão do atraso alemão. Entretanto, "ao mesmo tempo vê que a sociedade burguesa, cuja evolução tem sido precisamente a que tem posto veementemente em primeiro plano o problema do desdobramento da personalidade, opõe também a este, obstáculos sucessivos. As mesmas leis, instituições que permitem o desdobramento da personalidade no estreito sentido de classe da burguesia e que produzem a liberdade do *laissez faire*, são simultaneamente verdugos desapiedados da personalidade que se atreve a manifestar-se realmente" (Ibidem).

Sem querer prolongar essa discussão, importa, sobretudo, demonstrar que o idealismo alemão, ao estabelecer uma relação de fascínio e repúdio pelos valores da burguesia revolucionária, refletia o passado e o presente da Alemanha com base em fundamentos, até certo ponto, dialéticos. E é precisamente essa *tensão* a grande ausente do exercício discursivo da revista *Niterói*, razão pela qual a estrutura do seu pensamento se afirma mediante categorias dualistas e positivas. Da mesma forma, essa ausência de tensão na revista é responsável pela construção de uma verdadeira fé messiânica, otimista e empírica nos valores burgueses. O capitalismo, portador dos postulados necessários à redenção de um passado trágico, traria, enfim, o período epopéico para o Brasil.

Um reflexo dessa concepção dualista é observado na reconstituição histórica anunciada por Gonçalves de Magalhães,[4] cuja interpretação comporta dois momentos diferenciados:

> De duas distintas partes consta a História do Brasil, compreendendo a primeira os séculos XVI, XVII e XVIII; a segunda o curto espaço de 1808 até nossos dias. (*Niterói*, p.151, v.I)

Essa estrutura dual também se apresenta no fechamento daquela citação anteriormente feita do artigo de Pereira da Silva que, parafraseando Schiller, diz que "o novo vem e o velho desa-

---

4 Na verdade, Gonçalves de Magalhães não realiza essa reconstituição histórica da literatura brasileira, mas, fundamentalmente, destaca a necessidade da empreitada.

parece". O autor não menciona a obra da qual extraiu a frase, nem se refere ao contexto em que se insere, mas o sentido adquirido é revelador da intenção de se escrever a história colonial, identificá-la com os piores aspectos da Ilustração e, depois, se possível, enterrá-la. É o que se depreende da passagem:

> O Brasil está atrasado no ensino da Filosofia, o sistema de Condillac prevalece nas escolas, porém esperamos, que novas idéias, que todos os dias recebe ele da Europa, abram nova estrada à Filosofia e façam triunfar a verdade. (*Niterói*, p.241, v.II)

MEDIAÇÃO

Por detrás da concepção que destaca a necessidade de ruptura com a filosofia clássica do Iluminismo e, em conseqüência, da origem do raciocínio dualista, está Mme. de Staël, que os brasileiros, em Paris, muito provavelmente liam e incorporavam à crítica conveniente do passado do Brasil.[5] Sua interpretação, porém, incorre numa simplificação teórica que, conseqüentemente, será absorvida pelas idéias da *Niterói*. Vejamos.

Conforme Lukács (1968, p.71), Mme. de Staël, em seu célebre livro *De l'Allemagne*, dá início a uma "lenda literária" pródiga e de grande repercussão sobre a historiografia burguesa, na qual contrapõe de "modo irreconciliável" o *Sturm und Drang* e a Ilustração. A contraposição se dá nos termos de que a Ilustração "não havia tido em conta mais que o 'entendimento' e o 'intelecto'. Por outro lado, o germânico *Sturm und Drang* havia sido uma sublevação do 'sentimento' ou a 'alma' e o 'instinto vital' contra a tirania do entendimento".

---

5 Mme. de Staël teve uma ligação amorosa com o conde de Palmela que, nos inícios dos anos de 1830, encontrava-se em Paris, juntamente com D. Pedro, para articular a deposição de D. Miguel em Portugal. Visto que o Grupo de Paris mantinha algum contato com os portugueses em exílio na França, sobretudo Almeida Garrett e Silvestre Pinheiro Ferreira, um de seus grandes articuladores, é provável que o fato tenha reforçado a aproximação do grupo com as idéias de Mme. de Staël. A esse respeito, consultar SOUZA, 1957, p.156, v.2.

Inaugurando essa cisão, Mme. de Staël estaria, na verdade, anulando a dialética espontânea, própria do "período heróico" da revolução burguesa, sendo, portanto, uma precursora do pensamento apologético, não mais fertilizado pelas contradições do movimento social, que mitiga de acordo com as necessidades econômicas e políticas da burguesia.

Na mesma linha de ruptura formal com a Ilustração seguia a leitura de Chateaubriand, que os jovens libelistas da *Niterói*, particularmente, sorviam com apreço. No artigo "Filosofia da Religião", o teólogo francês, autor de *O gênio do Cristianismo* aparece *ipsis verbis*:

> Eram os enciclopedistas os homens mais intolerantes e, porisso, não os posso sofrer ... Não foram suas doutrinas que produziram a parte boa da Revolução. (Chateaubriand, apud *Niterói*, p.26, v.II)

Mais do que Mme. de Staël e Chateaubriand, a influência decisiva sobre o corpo de idéias elaboradas pelo Grupo de Paris parte da filosofia eclética de Victor Cousin, cujos pressupostos, ainda que inspirados especialmente no espiritualismo do idealismo hegeliano, combatem exatamente as contradições estabelecidas entre os vários períodos históricos e as várias correntes filosóficas, propondo, contra a tensão, uma *fusão harmônica*.

> O alvo da história e da humanidade não é nada senão o movimento do pensamento que, aspirando necessariamente a conhecer-se de forma completa – e não podendo conhecer-se completamente a não ser depois de ter esgotado todas as visões incompletas de si mesmo, tende, de visão incompleta em visão incompleta, por um progresso mensurável, à visão completa de si mesmo e de todos os seus elementos substanciais sucessivamente distinguidos, esclarecidos por seus contrastes, por suas conciliações momentâneas e suas guerras novas. Tal é o fim geral da humanidade. (Cousin, apud Spencer de Barros, 1973, p.52)

Os ecos do pensamento eclético são sentidos na passagem de Gonçalves de Magalhães:

> Depois de tantos sistemas exclusivos, o espírito eclético anima o nosso século, ele se levanta como um imenso colosso vivo, tendo diante dos olhos os anais de todas as gerações, numa mão o archote

da Filosofia aceso pelo gênio da investigação, com a outra aponta a esteira luminosa, onde se convergem todos os raios de luz, escapados do brandão que sustenta. Luz e progresso; eis sua divisa. (*Niterói*, p.145, v.I)

Apesar da tentativa frustrada de Cousin de dar um traçado dialético ao ecletismo, sua concepção histórica, justamente por causa da ausência do fator contradição, acaba por tecer uma teoria relativista que teria, por motivos óbvios, particular ressonância no Brasil.

É fundamentalmente a premissa da fusão harmônica, considerada verdadeira e necessária à integração diferenciada do Brasil ao mundo civilizado, que será incorporada ao discurso essencial da revista *Niterói*, pioneira entusiasmada na divulgação dessa filosofia entre a intelectualidade brasileira:

> Dois homens em França, Royer Collard e Cousin, tentam de reedificar todos os sistemas aparecidos no mundo, isto é, reunir o que há de bom em todos, recrutando as verdades, que neles se acham, e reunir em um só, denominado Ecletismo; seus esforços têm a recompensa merecida, e cada dia o sistema Eclético ganha terreno, e se estende nas nações. (*Niterói*, p.241, v.II)

Outro aspecto interessante a ser considerado sobre Cousin é o fato de seu ecletismo ser uma filosofia de "compromisso", como define Spencer de Barros (1973, p.47), "moderada e limitada em matéria de arroubos, aos oratórios"; seria "o que se pode chamar de uma 'filosofia burguesa' (se é que essa expressão significa alguma coisa) própria, precisamente, a tornar-se 'oficial' sob um regime qual o da monarquia de Julho". À época da publicação da *Niterói*, a "oficialidade" estava já disseminada entre a intelectualidade francesa, e o fato de ser "moderada e limitada em matéria de arroubos", além de conveniente à circunspecção dos jovens brasileiros, parecia atraente na medida em que a partir dela, antecipavam um pensamento apropriado à futura política monárquico-constitucional que ansiavam da Maioridade. Observando-se as relações políticas e pessoais mantidas por eles com figuras importantes da Corte, é de se supor que o seu projeto fosse igualmente de "compromisso"; isso tornaria o ecletismo uma contribuição expressiva que pensavam dar à modernização brasileira, com base na conciliação de interesses internos e externos ao país, sem derramamento de sangue.[6]

Muito provavelmente, orientados à empresa por pessoas do porte de Silvestre Pinheiro Ferreira, responsável pela introdução do ecletismo em Portugal, apostavam no sucesso desta tendência no Brasil,[7] garantindo a paga de seus esforços na França e uma volta gloriosa para a pátria agradecida.[8] É o que se deduz das

---

6 Mas, é importante considerar que uma diferença marcava o ecletismo de Cousin e a forma como foi incorporado por Gonçalves de Magalhães, seu discípulo mais promissor entre os integrantes do Grupo de Paris. Enquanto para Cousin, a "filosofia aparece como um verdadeiro substituto do cristianismo", outra seria "a atitude de Magalhães. Por mais que ame a filosofia, a religião – o cristianismo – é o absolutamente essencial: ela é o padrão pelo qual tudo se mede. Não se trata, entre Cousin e Gonçalves de Magalhães, tanto de uma diferença de idéias, quanto de uma diferença de *sentimento*, de postura diante da vida. Cousin é um filósofo que é também cristão. Magalhães é um cristão que se dedica às funções de aprendiz de pensador" (SPENCER de BARROS, 1973, p.66-7, grifos do autor).

7 Um aspecto que não será desenvolvido, mas aqui considerado de suma importância, é o fato de Portugal, por meio, neste caso, do Grupo de Paris, continuar, em 1836, interferindo na base do pensamento brasileiro, com boa receptividade, apresentando-lhes os teóricos que melhor convinha. Uma passagem da revista *Niterói* parece justificar que, em meio a tantas críticas ao país colonizador, haja um estreitamento tão promissor entre eles e os portugueses em exílio na França: "A civilização fazendo imensos progressos em Portugal, justiça lhe seja dada, os Portugueses de hoje não são os que deixaram morrer de fome Camões e Bocage, que desterraram Filinto e Gonzaga, que queimaram nas fogueiras da Inquisição o poeta cômico português, Antonio José, nascido no Rio de Janeiro, autor das únicas comédias originais que existem na nossa língua, pois que todas as demais, com mui poucas exceções, ou são imitadas ou traduzidas (com vergonha o dizemos). Ao Brasil pois cabe também o começar a apreciar os seus homens, lembrando-se que o poeta, para ser digno desse nome, deve ser historiador, filósofo, político e artista, e que portanto as dificuldades, que se lhe antolham, e que todas têm de vencer, para ganhar um nome, merecem todo o nosso respeito e atenção" (*Niterói*, p.239, v.II).

8 Cf. Paim (1967, p.75), a "corrente eclética representa o primeiro movimento filosófico plenamente estruturado no Brasil. Suas idéias penetraram fundo em amplos setores da elite nacional e chegaram a se transformar no suporte último da consciência conservadora em formação. Não se trata de uma simples cópia do sistema cousiniano mas de uma livre interpretação dos vários elementos que o integram com o objetivo de adaptar à tradição e fundir num só bloco as diversas doutrinas incorporadas à nossa bagagem cultural, no período mais recente, sem maior aprofundamento. Mais que isto, urge

palavras de Gonçalves de Magalhães, inspiradas em Mme. de Staël:

> Empreguemos os meios necessários, e nós possuiremos grandes homens. Se é verdade que a paga anima o trabalho, a recompensa do Gênio é a glória, e segundo o belo pensamento de M. de Staël: "O gênio no meio da sociedade é uma dor, uma febre interior de que se deve tratar como verdadeira moléstia, se a recompensa da glória lhe adoça as penas". (*Niterói*, p.138, v.I).

Em toda revista *Niterói*, observa-se que os autores empenham-se em mostrar erudição nos artigos, e a propagada filiação ao ecletismo ajuda bastante no passeio por várias correntes do pensamento antigo e moderno, assim como na citação de uma ampliada gama de líderes políticos, literatos, filósofos, cientistas e economistas. Idéias que, sobretudo, se formam em torno de compromissos políticos e "imparcialidade" intelectual, que admite reunir, sem distinções, Goethe e Chateaubriand, Herder e Mme. de Staël, Hegel e Cousin.

Tendo em vista seu objetivo de fazer circular a revista no Brasil, parecia ser forte o propósito de demonstrar conhecimento amplo da história da humanidade, na qual o Brasil é tão-somente resvalado e posto "à reboque" daquela. Essa seria uma estratégia teórica baseada numa concepção histórica capaz de colocar a particularidade brasileira na trilha civilizatória mas, também, refletia desconhecimento das questões nacionais mais profundas, razão pela qual não podiam compor uma visão total do país. A esse respeito, é curioso observar que tratam sempre de grandes causas mas, a princípio, parece faltar-lhes informações sobre detalhes da situação real.

---

conciliar o anseio de modernidade com as peculiaridades da situação brasileira: valorização da experimentação científica num meio que não dispunha de condições efetivas para realizá-la; adoção dos princípios do liberalismo econômico quando as atividades produtivas eram realizadas pelo braço escravo; disposição de praticar o liberalismo político defrontando-se, ao mesmo tempo, com o imperativo de preservar a unidade nacional; empenho de dotar o país de instituições modernas partindo de muito pouco etc.".

PONTO DE CHEGADA

Se for considerado que, naquele momento, o Brasil não possuía nem burguesia, nem classes populares, nem indústria, nem ciência, nem arte, que a unidade nacional e o Estado liberal eram falácias e contingências estritamente político-discursivas e que, portanto, a realidade brasileira estava muito aquém da modernidade desejada, sem dúvida alguma, pode-se imprimir à revista um caráter regenerador e progressista. Isso porque, por mais abstratas fossem as suas idéias, falavam a uma sociedade completamente desprovida de desenvolvimento e, o que é mais grave, da vontade de desenvolver-se. Neste sentido, sua contribuição mais significativa foi consagrar a crítica da sociedade degenerada, seu atraso e seus desmandos, reputados a Portugal e à continuidade da mentalidade arcaica e corrupta da colônia. Mas, um problema, mais significativo ainda, advém da estrutura de seu pensamento, moldado nas condições determinadas pelo *hic et nunc*, e pela concepção de autonomia e liberdade que requeriam da situação independente do país.

Esse ponto é particularmente interessante para observar como, em situação de atraso, reage uma intelectualidade. Ao analisar o caso alemão, Lukács diz o seguinte:

> À primeira vista, pode parecer menos claro que o aparecimento dos grandes problemas da época do ponto de vista ideológico correspondente àquelas circunstâncias mesquinhas e filistéias foi uma vantagem importante para as formulações problemáticas audazes, para o atrevido pensar-até-o-final das respostas achadas. A explicação é esta: precisamente porque na Alemanha os fundamentos e as conseqüências sociais de certas questões teóricas ou poéticas não apareceram na vida prática, se produz para o gênio, para a concepção e para a exposição, uma ampla margem de liberdade, que parece muitas vezes limitada, de que não podiam dispor os contemporâneos intelectuais das sociedades mais desenvolvidas do ocidente. (1968, p.61)

O conceito de atraso não significa coisa alguma se não for dimensionado pelo solo histórico que o sedia; nessa direção, além do distanciamento entre a teoria e a prática social, pouco aproxima o caso alemão do brasileiro. Isso se expressa no fato de que a requerente liberdade da intelectualidade alemã, com a qual pensava dialogar a *Niterói*, se manifesta no último quartel do século XVIII, em condições adversas ao progresso; como já se viu anteriormente, nesse momento histórico particular, a liberdade do pensamento alemão converte-se numa percepção aguçada da modernidade e estabelece uma "contraditoriedade do movimento histórico, os princípios vitais do método dialético". Ressalvado o viés fundamentalmente reacionário que irá assumir no romantismo, este movimento será herdeiro de pontos essenciais da contraditoriedade construída a partir da base cultural da Alemanha.

Entre a intelectualidade brasileira da *Niterói*, ao contrário, restabelece-se o otimismo iluminista aliando-o ao reacionarismo dos vulgarizadores; para todos os efeitos, o convite à reconstituição histórica é ressaltado para efeitos de negação de uma cultura imposta, imitada e apodrecida. Supõe-se, então, que não pleiteava filiação interna, tradicional, mas filiação à França pós-revolucionária. Seu desejo era compor um pioneirismo – como quiseram ser outros tantos movimentos brasileiros, aliás – não do romantismo, mas, mais do que isso, do pensamento nacional burguês articulado, útil e eclético, dotado de compromissos. Daí ser tão difícil, também, classificá-los, com ou sem vacilações, entre os neoclassicistas.

Volta-se, então, ao princípio de anacronismo histórico que, no caso do idealismo alemão, contemporâneo do Iluminismo francês, avaliava-se com ressalvas uma situação ainda indefinida de revoluções vizinhas. Ora, a requerente liberdade da *Niterói* se expressa bem mais tarde, num momento em que a burguesia era já a classe hegemônica requerente, ela mesma, de uma vulgarização ideológica.

Essa era a idealidade ensejada pelo projeto burguês da *Niterói*, e é essa a causa pela qual seus jovens libelistas omitem as adversidades concretas das relações burguesas. Mas, tal omissão muito provavelmente não fora consciente, mas conduzida pela euforia, própria das consciências reificadas e plenas de fetiches advindas, neste caso, da inexperiência e da fragmentação cognitiva. Essa é a razão pela qual não podiam estabelecer contraditoriedades, mas dualidades históricas. Essa é, ainda, a razão pela qual admiram e se inspiram nas teorias vulgarizadoras de Say, Mme. de Staël,

Chateaubriand, Cousin, e não em Herder, Schiller, Goethe, Hegel...

Se a geração que compõe a *Niterói* se inscreve entre a intelectualidade pioneira do país independente, o pensamento brasileiro, pleiteante à civilização ocidental moderna, parece ter no anacronismo histórico a marca de um fator trágico que se manifesta já no nascedouro: ser demandante de teorias vulgarizadoras. Mas, ainda que confuso, medíocre e vulgar, o projeto da *Niterói* constituía um salto de qualidade ante as forças escravocratas que seriam a realidade brasileira até 1888, e, entre as quais, os jovens libelistas acomodar-se-iam e fariam carreira recorrente à rebeldia parcimoniosa da revista *Niterói*.

8 ADENDO: O SENTIDO ETIMOLÓGICO E VARIAÇÕES DA PALAVRA *NITERÓI*

Em nenhuma das referências encontradas foi possível observar qualquer alusão às origens da sua denominação. Não se sabe ao certo quem escolheu o título, se um dos editores, se algum dos padrinhos ou, ainda, se foi decisão unânime. Mas Niterói parece não ter sido uma escolha aleatória; pelo que pôde ser apurado, a palavra retinha um significado bastante apropriado às novidades sucedidas no país.

No sentido etimológico, a palavra Niterói é primitiva, indígena e, pelo menos, duas interpretações caminham na mesma direção. Em *Efemérides Brasileiras*, o Barão do Rio Branco, argumenta o seguinte: "1º de janeiro de 1502. Descobrimento da baía do Rio de Janeiro pela esquadra portuguesa de André Gonçalves, na qual o célebre cosmógrafo florentino Amerigo Vespucci tinha o comando de um navio. Os descobridores não exploraram a baía e, por isso, acreditaram estar diante da foz de um rio, dando-lhe aquele nome. Os Tamoios chamavam-na de Iguaá-mbará (daí a Guanabara, de Jean Léry), de iguaá, 'enseada do rio', e mbará, o mesmo que pará, 'mar', e Nyteroy (origem do nome Niterói), de ý-i-teroi, água que se esconde, dando-se naturalmente o metaplasmo da y-i em ny, donde 'Nyteroy', diz Batista Caetano" (*Jornal do Brasil*, RJ, 1891).[1]

Antes do Barão do Rio Branco, ainda no ano de 1820, o cônego Januário da Cunha Barbosa, com algumas variações, dá a sua versão para as origens da palavra *Niterói*, dizendo que "esta palavra he Brazileira, e compõe-se de duas = Nicteró, que significa escondida = hy, que significa agoa = mas a pronúncia da segunda era muito difficultoza, por muito gutural. Era este o nome da Bahia que Fernando de Magalhães, e Rui Faleiro, insigne Mathematico Portuguez, que o acompanhava, porque nela entrarão no dia 13 de Dezembro de 1519, chamarão de Santa Luzia e Martim Affonso de Souza, porque também nela entrara no dia 1º de Janeiro de 1532, chamou Rio de Janeiro, acreditando falsamente ser hum Rio e não uma Bahia" (Ms.12.1.1, Biblioteca Nacional).

Essa interpretação acompanha o poema "Nicteroy – Metamorphoses do Rio de Janeiro", composto em versos pelo cônego, donde se extrai um panegírico, de razoáveis proporções, à cidade do Brasil que mais se desenvolvia desde a chegada da família real portuguesa em 1808. Desqualificado pela crítica, o poema é lembrado aqui não tanto pelas suas qualidades literárias, mas pelo que representou para a formação de uma idéia, de uma dinâmica que relacionava e habilitava o país ao Ocidente.

---

1 "Os Tamoios foram primitivamente, os índios possuidores dessas terras, assim encantadoras e denominadoras; também seriam os legítimos defensores dos territórios marginais da Guanabara. Esses, os primitivos possuidores, foram surpreendidos pelos primeiros conquistadores, portugueses e franceses, que lutariam pela posse da terra descoberta. Foi assim desde janeiro de 1502, quando a expedição de André Gonçalves aportou à Guanabara, julgando ancorar na foz de um grande rio que recebeu o nome de Janeiro – o do mês da descoberta. Os ameríndios tomaram partido e foram despojados de seus preciosos tesouros pelos portugueses, cumpliciados com a tribo inimiga, chefiada pelo 'cobra-feroz' – o Araribóia. As principais batalhas foram travadas nas margens cariocas da formosa baía, e somente das últimas refregas seriam cenário, empolgante e arrebatador, as praias circunvizinhas da 'Praia Grande', na 'Banda d'Além', proximidade das 'Barreiras Vermelhas'. Seriam esses chãos os que também deveriam constituir o prêmio maior, recompensa segura e valiosa para as atividades guerreiras dos valente Tupiminós" (*Enciclopédia dos Municípios Brasileiros*. Rio de Janeiro: IBGE, 1959. v.22).

Já no prefácio, é possível entrever a notabilidade e a criatividade de suas impressões, o que ajuda a compreender como o autor fundamenta as origens não somente filológicas, mas históricas de *Niterói*:

"Argumento

Nicteroy, filho do Gigante Mimas e de Atlantida, era nascido de poucos dias quando seu pai foi morto por Marte na Guerra dos Gigantes. Neptuno, tocado das lágrimas de Atlantida, o fez crear em terras desconhecidas, que depois de chamarão Brazil.

Nicteroy, crescendo, tentou vingar a morte de seu pai renovando a Guerra. Com este fim, com muita antecipação e segredo, juntou pedras sobre pedras, que ainda hoje formão a Serra chamada dos Orgãos. Júpiter, pressentindo seus instintos, o matou com hum raio quando este estava sobre aquele acúmulo de pedaços meditando na empreza. O seu corpo foi arremessado a um vale que hoje he Bahia do seu nome; porque Neptuno o converteo em mar, cedendo as supplicas de Atlantida, e marcando a sua seperação do Oceano com o grande rochedo que fora arrancado por Nicteroy para ser arremessado a Marte, e que com este desabara da terra. Glauco, para consolar Atlantida, profetiza a glória do Brazil, e com especialidade a do lugar em que seu filho fora por Neptuno convertido em mar; principia pela descoberta Pedr'Alves Cabral athe o nascimento de Sereníssima Senhora Princeza da Beira, enlaçados os tronos de Bragança e Áustria. Finda a profecia Atlantida he reconhecida Nimpha Maritima.

'Aut famam sequere, aut siti
convenientia finge'
Horat. Epist. ad Pisones".[2]

O golpe desferido por Nicteroy[3] contra Marte pode estar simbolizando a resistência do elemento natural ao estranho; sua

---

2   Na última página desse manuscrito, encontra-se uma anotação de Manuel de Araújo Porto alegre, onde se lê: "Esta bella producção é obra do cônego Januário da Cunha Barbosa, que ainda vive; este manuscrito é precioso por ser anterior à impressão do Poema, e por conter variantes. Bruxellas, 1837". Ao que indica a anotação, Manuel de Araújo Porto alegre já conhecia o poema na forma impressa e demonstra satisfação por entrar em contato com os originais, o que parece acontecer já no final de sua longa estadia na Europa, iniciada no ano de 1832. Não foi possível saber, entretanto, se o poema, na forma manuscrita, foi trazido por ele da Europa ao Brasil.

3   Em razão do aportuguesamento da palavra, sua ortografia sofre variações, sendo possível encontrá-la nas seguintes formas: Nicteroy, Nycteroy, Nictheroy e, mais recentemente, Niterói.

morte, a capitulação da existência de uma raça pura, primitiva. A vingança de Nicteroy se observa nas entrelinhas, ao conferir armadilhas à natureza do lugar, dificultando a sua dominação por aquele elemento estranho. As condições geográficas, em que relevo e recortes de terra encontram e contornam as águas da baía da Guanabara, acabam por motivar os equívocos cometidos pelos seus primeiros exploradores. Januário, em sua versão, adiciona ao fato verdadeiro um amontoado de figuras míticas que, entrecruzadas às raízes indígenas de Nicteroy (veja-se a fundamentação filológica), no Brasil, entram em contato com a civilização moderna da Europa, propiciada pelos navegadores portugueses. O resultado, para ele, não foi negativo; pelo contrário, originou a perfeição do encontro dos "tronos de Bragança e Áustria", personificado no "nascimento de Sereníssima Senhora Princeza da Beira".

A visão ciclópica da paisagem fluminense, incorporada ao universo mitológico da antiguidade greco-romana, constrói, com visível expressão de felicidade, a genealogia do país, empresta-lhe a história, a tradição e a glória exigidas do Brasil pelo processo civilizatório. Isso torna o poema Nicteroy um reduto tardio da tradição neoclássica, consagrando uma tendência que se configura, por meio da luta entre gigantes e deuses do Olimpo, numa "representação hiperbólica" da natureza largamente utilizada nas imagens construídas pela revista *Niterói* e que, ainda hoje, se apresenta como recurso nacionalista. É, tanto quanto toda literatura da época, menos uma manifestação consciente das limitações e contradições vividas no país do que senso de dever patriótico.

A mixórdia só ganha significado na emergência do patriotismo político impregnado na literatura e na necessidade de conferir ao Brasil raízes clássicas. Esse encontro de tradições civilizatórias – antigas e modernas – com tendências embrionárias do indianismo, demonstrou ser, pela via da metamorfose,[4] um re-

---

4 Januário da Cunha Barbosa parece ter-se inspirado nos poemas elegíacos de Ovídio, um dos maiores representantes da literatura clássica latina nascido no ano 43 a.C. Com ele, Januário busca filiar-se a uma tradição literária que extrai dos assuntos nacionais e heróicos recurso à bajulação dos governantes

curso e tanto para colocar o Brasil nos trilhos da civilização ocidental. O autor, como tantos outros de sua geração, composta sobretudo por Frei Caneca, Domingos Martins, Alves Branco, Evaristo da Veiga, Natividade Saldanha, Odorico Mendes e José Bonifácio e até mesmo Gonçalves de Magalhães das *Poesias* (1832) – quase todos – participam ativamente do processo de libertação nacional, das vias de fato da Independência política do país. Neste momento, não foi prioridade deles qualquer preocupação com uma suposta renovação literária ou hábitos enraizados na cultura brasileira. Move-os, sim, a necessidade de impregnar de política a poesia retardatariamente arcádica; daí o pragmatismo – e a mediocridade – de seus versos, herdeiros de um neoclassicismo decadente. Se o estilo é arcaico, o conteúdo não o é. Homens de seu tempo, instrumentalizaram a literatura, subjugaram-na às urgências da política, provocando a perda do seu estatuto de arte. Neles, "o intelectual considerado artista cede lugar ao intelectual considerado como pensador e mentor da sociedade, voltado para a aplicação prática das idéias" (Candido, 1981, p.238). Justifica-se o feito pela abnegação que dedicaram ao momento histórico, de transição, indefinições, momento de construção da nação, livre dos entraves coloniais. Essa geração de escritores, considerada a nossa *Aufklärung*, privilegia a *praxis* política e é somente este aspecto que os "tornam dignos de ser tomados como objeto de representação literária". Essa geração, no entanto, será profundamente reverenciada pelos idealizadores da revista *Niterói*.

Na mesma direção, a palavra *Niterói* se afirma, ainda, como emblema, como símbolo da Independência e do heroísmo brasi-

---

e da sociedade. É mais especificamente nas "Metamorfoses" de Ovídio que o cônego brasileiro busca inspiração. Assim como naquelas, as "Metamorphoses do Rio de Janeiro" compõem um "repertório de lendas extraídas da mitologia grega, que se inicia pela criação do mundo, em que se transformou o primitivo caos...". Se o poema de Ovídio "termina pela metamorfose de Cesar em astro", o de Januário conclui pela apologia da família real portuguesa, transformando-a em parte inalienável da *"glória do Brasil"*. (Consultar a respeito o Prefácio de João Batista Melo e Souza a *Os Fastos* de Ovídio, Rio de Janeiro: Clássicos Jackson, 1949). A tendência, porém, não era novidade já que pôde ser encontrada em muitas passagens dos poemas de Cláudio Manuel da Costa e outros poetas arcádicos desde meados do século XVIII.

leiro nos episódios dos quais participou a fragata que levou esse nome. Nas lutas pela Independência ocorridas na Bahia, no Pará e na Província Cisplatina, a *Niterói*, comandada ora pelo capitão-de-mar-e-guerra John Taylor, ora pelo capitão de fragata James Norton, combateu as guarnições portuguesas que se opunham à libertação do país.[5] No dia 12 de setembro de 1823, "a fragata Niterói, comandada por Taylor, depois de ter cruzado o Tejo, começa neste dia sua viagem de regresso ao Brasil. Niterói foi o único navio brasileiro que, por ordem de Lord Cochrane, seguiu até a Europa a esquadra portuguesa, saída da Bahia no dia 2 de julho" (Barão do Rio Branco, s. d. p.428). Conduzido pela *Niterói* e a "mão invisível" inglesa, o Brasil devolve a Portugal as forças que pretenderam restabelecer o pacto colonial.

Nos anos de 1830, já sob as Regências, a palavra continua a exercer atração sobre os brasileiros. No dia 6 de março de 1835, a Vila Real da Praia Grande[6] é escolhida para capital da provín-

---

5 Nas lutas pela Independência, o governo imperial no Rio de Janeiro, já declaradamente empenhado na separação do Brasil de Portugal, precisou recorrer às forças navais, posto que o aparato bélico terrestre era limitado e pouco organizado. Para estruturar uma marinha de guerra, recorreu ao auxílio de vários oficiais ingleses comandados por Sir Thomas Alexander Cochrane. Alguns relatos historiográficos afirmam serem este e outros marinheiros britânicos nada mais que mercenários, sem qualquer vínculo com o governo inglês. Mantendo relações sólidas com Portugal, a Inglaterra não podia dar apoio transparente à independência brasileira; para isso, os "mercenários" foram a máscara, o cunho não oficial dos ingleses para a autonomia do Brasil, na qual mantinham reais interesses.

6 Durante todo o período colonial, o burgo, denominado Praia Grande, reunia os núcleos de São Lourenço e São Gonçalo, localizados do lado fronteiriço do Rio de Janeiro. Quando chegou ao Brasil, D. João, em uma de suas visitas aos burgos fluminenses, o apreciou, mais do que a qualquer outra localidade. Por determinação sua, ganha o estatuto de vila, passando, assim, a denominar-se Vila Real da Praia Grande. Tinha, então, 13 mil habitantes, incluindo o das freguesias que formavam o termo da vila. O Ato Adicional de 1834 criou uma situação especial para os anseios de progresso da Vila Real. Alcançada a verdadeira autonomia da Província do Rio, pela emancipação do município neutro, com administração autônoma, foi eleita a 1ª Assembléia Provincial e os deputados convocados pelo presidente Joaquim José Rodrigues Torres, futuro visconde de Itaboraí, para reunirem-se na Vila Real da Praia Grande. Dessa Assembléia faziam parte as personalidades de maior relevo no cenário político nacional e que mais intensamente haviam colaborado para a emancipação política. Entre outros desses vultos eminentes, basta citar os

cia do Rio de Janeiro; em 1836, teve "o predicamento de cidade, sob a denominação de Niterói" (Ibidem, s. d., p.146).

---

nomes de Evaristo da Veiga, Gonçalves Ledo, José Clemente Pereira, Francisco das Chagas Werneck, Caldas Viana, Paulino José Soares de Souza (futuro Visconde de Uruguai) que, em colaboração com o presidente, deviam dar ordens definitivas à administração da Província do Rio de Janeiro. Consultar a respeito a *Enciclopédia dos Municípios Brasileiros*. Rio de Janeiro: IBGE, 1959. v.XXII.

REFERÊNCIAS BIBLIOGRÁFICAS

ABENDROTH, W. et al. *Conversando com Lukács.* Rio de Janeiro: Paz e Terra, 1969.

ALCÂNTARA MACHADO. *Gonçalves de Magalhães:* o romântico arrependido. São Paulo: Livraria Acadêmica, 1936.

AMORA, A. S. *História da Literatura Brasileira,* Séculos XVI-XX. São Paulo: Edições Saraiva, 1965.

_____. Apresentação crítica. *Niterói,* n.1, edição fac-similar da Academia Paulista de Letras, São Paulo, 1978.

_____. Uma "Reader's Digest" de 1836. *O Estado de S.Paulo*, São Paulo, 10 ago. 1964. Suplemento Literário.

_____. Um céu, o índio e o gênio. (Mimeogr.).

_____. Sob a magia dos "princípios ativos". *O Estado de S.Paulo*, s. d., Suplemento Literário.

ANTUNES, D. P. *O pintor do romantismo.* Rio de Janeiro: Zélio Valverde, 1943.

ARANTES, P. *Sentimento da dialética.* Rio de Janeiro: Paz e Terra, 1992.

ARMITAGE, J. *História do Brasil.* Rio de Janeiro: Zélio Valverde, 1943.

AZEVEDO, F. de. *Cultura brasileira.* São Paulo: Edusp, Melhoramentos, 1971.

BARATA, M. As Artes Plásticas de 1808 a 1889. In: HOLANDA, S. (Org.) *O Brasil monárquico.* São Paulo, Rio de Janeiro: Difel, 1976. t.II, v.3.

BENJAMIN, W. Paris capital do século XIX. In: KOTHE, F. *Walter Benjamin.* São Paulo: Ática, 1985. (Grandes Cientistas Sociais).

218 MARIA ORLANDA PINASSI

BERRIEL, C. E. O. *Tietê, Tejo, Sena*: a obra de Paulo Prado. São Paulo, 1994. Tese (Doutorado) – Universidade de Campinas. (Mimeogr.).

BLAKE, S. *Dicionário bibliográfico brasileiro*. Rio de Janeiro: Imprensa Nacional, 1893.

BRAGA, T. *Garrett e o romantismo*. Porto: Lello & Irmãos, 1903.

BORNHEIM, G. Filosofia do romantismo. In: GUINSBURG, J. (Org.) *O romantismo*. São Paulo: Perspectiva, 1985.

BROCA, B. *Românticos, pré-românticos e ultra-românticos*. São Paulo: Polis, INL, MEC, 1979.

BURNAND, R. *Les albums de la vie quotidienne en 1830*. Paris: Librairie Hachette, 1957.

CAMPOS, H. de. *Brasil anedótico*. Rio de Janeiro: W. M. Jackson Editores, 1954.

CAMPOS, P. M. Imagens do Brasil no Velho Mundo. In: HOLANDA, S. (Org.) *O Brasil Monárquico*. São Paulo: Difusão Européia do Livro, 1965. t.II, v.1.

CANDIDO, A. *Formação da literatura brasileira*. Belo Horizonte: Editora Itatiaia, 1981. v.2.

CARVALHO, R. de. *Pequena história da literatura brasileira*. Rio de Janeiro: F. Briguet & Cia,1925.

CASTELLO, J. A. *Gonçalves de Magalhães*. São Paulo: Assunção, 1946.

_____. *Textos que interessam à história do romantismo*. São Paulo: Conselho Estadual de Cultura, 1959-1960. v.1 e 2. (Coleção de Textos e Documentos).

_____. Magalhães: épica e teatro. *O Estado de S.Paulo*, São Paulo, 15 maio 1961a. Suplemento Literário.

_____. *Gonçalves de Magalhães* – trechos escolhidos. São Paulo: Saraiva,1961b.

_____. *O movimento academicista no Brasil 1641-1820/22*. São Paulo: Conselho Estadual de Cultura, 1967.

CÉSAR, G. *História da literatura do Rio Grande do Sul*. Rio de Janeiro: Globo, 1956.

_____. *Historiadores e críticos do romantismo* – A contribuição européia. Crítica e História Literária. São Paulo: Edusp, 1978.

CHATEAUBRIAND, R. *O gênio do cristianismo*. Rio de Janeiro: W. M. Jackson Editores,1952.

CLAUDON, F. *Enciclopédia do romantismo*. Lisboa: Verbo, s. d.

COSTA, C. *Panorama da História da Filosofia no Brasil*. São Paulo: Cultrix, 1960.

_____. As idéias novas. In: HOLANDA, S. (Org.) *O Brasil monárquico*. São Paulo: Difusão Européia do Livro, 1965. t.II, v.1.

COSTA, E. V. da. *Da Monarquia à República*. São Paulo: Livraria Editora de Ciências Humanas, 1979.

CRULS, G. *Aparência do Rio de Janeiro (Notícia histórica e descritiva da cidade)*. Rio de Janeiro: José Olympio, 1952.

DEBRET, J. B. *Viagem pitoresca e histórica ao Brasil*. São Paulo: Edusp; Belo Horizonte: Itatiaia, 1978. t.II, v.3.

DROZ, J. *Le romantisme politique en Allemagne*. Paris: Armand Colin, 1963.

ELLIS JÚNIOR. A. *Feijó e a primeira metade do século XIX*. São Paulo: INL, MEC, Cia. Editora Nacional, 1980.

ENCICLOPÉDIA dos Municípios Brasileiros. Rio de Janeiro: IBGE, 1959. v.22.

FAORO, R. *Os donos do poder*. São Paulo: Globo, 1977.

FARIA, M. A. de O. *Os brasileiros no Instituto Histórico de Paris*. São Paulo: Conselho Estadual de Cultura, s. d.

_____. Monglave e o Instituto Histórico de Paris. *Revista do Instituto de Estudos Brasileiros (São Paulo)*, USP, n.2, 1967.

FERNANDES, F. *A revolução burguesa no Brasil*. Rio de Janeiro: Editora Guanabara, 1987.

FERREIRA, S. P. *Preleções filosóficas sobre a teórica do discurso e da linguagem*. Rio de Janeiro: Imprensa Régia, 1813.

FURTADO, C. *Formação econômica do Brasil*. São Paulo: Companhia Editora Nacional, 1979.

GARRETT, A. *Obras completas*. Porto: Lello & Irmãos Editores, 1963. 2v.

GUIMARÃES, A. P. *Quatro séculos de latifúndio*. Rio de Janeiro: Paz e Terra, 1981.

GUIMARÃES, A. de S. M. *Dicionário biobliográfico brasileiro de diplomacia, política externa e Direito Internacional*. Rio de Janeiro: Edição do Autor, 1938.

GUINSBURG, J. Romantismo, historicismo e história. In: GUINSBURG, J. (Org.) *O romantismo*. São Paulo: Perspectiva, 1985.

HEGEL *Introdução à historia da filosofia*. Coimbra: Armênio Amado-Editor, Sucessor, 1974.

HERDER, J. G. *Também uma filosofia da história para a formação da humanidade*. Lisboa: Antígona, 1995.

HOLANDA, S. B. de. *Prefácio literário às obras completas de D. J. G. de Magalhães*. Rio de Janeiro: MEC, 1939.

_____. A Herança Colonial – sua desagregação. In: HOLANDA, S. *O Brasil monárquico*. São Paulo: Difusão Européia do Livro, 1965. t.II, v.1.

HUGO, V. Prefácio de Cromwell. In: KAYSER, W. *Do grotesco e do sublime*. São Paulo: Perspectiva, 1988.

KIDDER, D. P. *Reminiscências de viagem e permanência no Brasil (Rio de Janeiro e Província de São Paulo)*. São Paulo: Martins Fontes, Edusp, 1972.

KONDER, L. *Os marxistas e a arte*. Rio de Janeiro: Civilização Brasileira, 1967.

LOBO, H. *Manuel de Araújo Porto alegre*. Rio de Janeiro: Academia Brasileira de Letras, 1938.

LOPES, Frei R. B. *Monte Alverne, pregador imperial*. Petrópolis: Vozes, 1958.

LÖWY, M. *Romantismo e messianismo*. São Paulo: Perspectiva, Edusp, 1990.

LÖWY, M., SAYRE, R. *Romantismo e política*. Rio de Janeiro: Paz e Terra, 1973.

_____. *Revolta e melancolia*. O romantismo na contramão da modernidade. Rio de Janeiro: Vozes, 1995.

LUKÁCS, G. A polêmica entre Balzac e Stendhal. In: _____. *Ensaios sobre literatura*. Rio de Janeiro: Civilização Brasileira, 1965.

_____. *Hisória y consciencia de clase*. México: Grijalbo, 1969.

_____. *El asalto a la razón, la trayectória del irracionalismo desde Schelling hasta Hitler*. Barcelona, México: Grijalbo, 1972.

_____. *Nueva história de la literatura Alemana*. Buenos Aires: Editorial La Pleyade, s. d.

_____. *Goethe y su época*. Barcelona, México: Grijalbo, 1968.

MACEDO, F. R. *Arquitetura no Brasil e Araújo Porto alegre*. Porto Alegre: Editora da Universidade, 1984.

MAGALHÃES, D. J. G. de. *Obras completas*. Viena: Imperial e Real Tipografia, 1864. t.I: Poesias avulsas, t.II: Suspiros poéticos e saudades, t.III: Tragédias, t.IV: Urânia, t.V: A confederação dos Tamoios, t.VI: Cânticos fúnebres, t.VII: Fatos do espírito humano. Viena: Imperial e Real Tipografia, 1865. t.VIII: Opúsculos históricos e literários (Revolução da Província do Maranhão. Os indígenas do Brasil perante a história. Discurso sobre a história da literatura do Brasil. Filosofia da religião. Biografia de Padre Mestre Frei Francisco de Mont'Alverne. Por que envelhece o homem. O pavão Amancia. Ode a Dante. Hino dos Bravos). Roma: Fratelli Callita, 1876. t.IX: A alma e o cérebro.

MAGALHÃES, D. J. G. de, PORTO ALEGRE, M. de A. *Cartas a Monte Alverne*. São Paulo: Conselho Estadual de Cultura, 1962 (Correspondência).

MAGALHÃES, B. de. *Manuel de Araújo Porto alegre*. Rio de Janeiro: Imprensa Nacional, 1917.

MAGALHÃES JÚNIOR, R. *Três panfletários do Segundo Reinado*. São Paulo: Companhia Editora Nacional, 1956.

MANNHEIM, K. O significado do conservantismo. In: FORACCHI, M. *Mannheim*. São Paulo: Ática, 1982 (Grandes Cientistas Sociais).

MARX, K. Extractos de lectura (1844) – James Mill. In: *Obras de Marx y Engels*. Barcelona: Crítica, s. d.

_____. Crítica da Filosofia do Direito de Hegel. Introdução. In: *Temas de Ciências Humanas*. São Paulo: Grijalbo, 1977. v.2.

MENEZES, R. de. *Dicionário literário brasileiro*. São Paulo: Saraiva, 1969.

MERCADANTE, P. *A consciência conservadora no Brasil*. Rio de Janeiro: Civilização Brasileira, 1972.

MÉSZÁROS, I. *Teoria da alienação*. Rio de Janeiro: Zahar Editores, 1981.

NAIRN, T. A classe trabalhadora na Inglaterra. In: BLACKBURN, R. (Org.) *A ideologia na Ciência Social*. Rio de Janeiro: Paz e Terra, 1982.

NIEMEYER, O. Apresentação. *A arte no Brasil*. São Paulo: Abril Cultural, 1986.

NOVAIS, F. *Portugal e Brasil na crise do antigo sistema colonial (1777-1808)*. São Paulo: Hucitec, 1979.

OVÍDIO. *Os fastos*. Rio de Janeiro: Clássicos Jackson, s. d.

PAIM, A. *História das idéias filosóficas no Brasil*. São Paulo: Grijalbo, Edusp, 1967.

PANTALEÃO, O. A presença inglesa. In: HOLANDA, S. (Org.) *O Brasil monárquico*. São Paulo: Difusão Européia do Livro, 1965. t.II, v.1.

PARANHOS, H. *História do romantismo brasileiro*. São Paulo: Cultura Brasileira, s. d.

PEIXOTO, A. *Panorama da literatura brasileira*. Rio de Janeiro: Companhia Editora Nacional, 1940.

PINHEIRO, P. S. Classes médias urbanas: formação, natureza, intervenção na vida política. In: HOLANDA, S. (Org.) *O Brasil Republicano III*. São Paulo: Difel, 1977.

PORTO aLEGRE, M. de A. *Brasilianas*. Viena: Imperial e Real Tipografia, 1863.

PRADO JÚNIOR, C. *Evolução política do Brasil*. São Paulo: Brasiliense, 1977.

PRUNES, L. M. *Reforma agrária integral*. Porto Alegre: Livraria Sulina, 1962.

REIS, A. C. F. dos. A província do Rio de Janeiro e o município neutro. In: HOLANDA, S. *O Brasil monárquico*. São Paulo: Difusão Européia do Livro, 1967. t.II, v.2.

RIO BRANCO, Barão do. Efemérides Brasileiras. In: *Obras do Barão do Rio Branco*. Rio de Janeiro: Ministério das Relações Exteriores, s. d. v.4.

RIOS FILHO, A. M. de los. *O Rio de Janeiro imperial*. Rio de Janeiro: A Noite, 1946.

ROMERO, S. *História da literatura brasileira*. Rio de Janeiro: José Olympio Editores, 1943.

SAES, D. *Classe média e política na Primeira República brasileira (1889-1930)*. Petrópolis: Vozes, 1975.

SARAIVA, A. J., LOPES, O. *História da literatura portuguesa*. Lisboa: Porto Editora, s. d.

SCHWARZ, R. Nacional por subtração. In: _____. *Que horas são?* São Paulo: Companhia das Letras, 1989.

SEIGEL, J. *Paris boêmia*. Cultura e política os limites da vida burguesa – 1830-1930. Porto Alegre: L&PM, 1992.

SISSON, S. A. *Galeria dos brasileiros ilustres*. Rio de Janeiro: Martins Fontes, s. d. t.III.

SODRÉ, N. W. *História da imprensa no Brasil*. Rio de Janeiro: Graal, 1977.

SOUZA, O. T. de. *História dos fundadores do Império no Brasil*. José Olympio, 1957. 10v.

SPENCER de BARROS. *A significação educativa do romantismo brasileiro:* Gonçalves de Magalhães. São Paulo: Edusp, Grijalbo, 1973.

TAUNAY, A. de E. *A missão artística de 1816*. Rio de Janeiro: Publicação da Diretoria do Patrimônio Histórico e Artístico Nacional, n.18, 1956.

TIEGHEN, P. van. *El romanticismo en la literatura europea, la evolución de la humanidad*. México: Union Tipografica Editorial Hispano Americana, 1958.

VARNHAGEN, F. A. de (Visconde de Porto-Seguro). *História geral do Brasil*. São Paulo: Companhia Melhoramentos, s. d.

VERÍSSIMO, J. *Literatura brasileira*. São Paulo: Clássicos Jackson, 1953. v.40.

_____. *História da literatura brasileira*. Rio de Janeiro: Editora Alves, 1946.

VIANNA, H. *Contribuição à história da imprensa brasileira, 1812-1869*. Rio de Janeiro, 1945.

VIANNA, H. Francisco de Sales Torres Homem, Visconde de Inhomirim. *Revista do Instituto Histórico e Geográfico Brasileiro*, v.246, jan.-mar. 1960.

WOLF, F. *Le Brésil litteraire*. Berlin: Ascher, 1856.

XAVIER, P. A família de um povoador. *Caderno de Artes*, Instituto de Artes, Rio Grande do Sul, 1979.

DOCUMENTOS IMPRESSOS E MANUSCRITOS

Ms. II-29-36-1: Coleção Hinos e Cartas de Evaristo Ferreira da Veiga, Biblioteca Nacional.

Ms.12.1.1: Metamorfoses do Rio de Janeiro de Januário da Cunha Barbosa, Biblioteca Nacional.

Anais da Biblioteca Nacional.

Anais do 1º ao 4º Congressos de História Nacional.

Anais do Itamaraty.

Relatórios apresentados à Assembléia Geral Legislativa pelo Ministro e Secretário D'Estado dos Negócios Estrangeiros em Sessões Ordinárias de 1833 a 1837, Tipografia Nacional, RJ, Arquivo Histórico do Palácio do Itamaraty.

Revista do Instituo Histórico e Geográfico Brasileiro (RIHGB).

SOBRE O LIVRO

Coleção: Prismas
Formato: 14 x 21 cm
Mancha: 23 x 43 paicas
Tipografia: Classical Garamond 10/13
Papel: Offset 75 g/m^2 (miolo)
Cartão Supremo 250 g/m^2 (capa)
1ª *edição*: 1998

EQUIPE DE REALIZAÇÃO

Produção Gráfica
Edson Francisco dos Santos (Assistente)

Edição de Texto
Fábio Gonçalves (Assistente Editorial)
Carlos Villarruel (Preparação de Original)
Fábio Gonçalves e Adriana Dalla Ono (Revisão)

Editoração Eletrônica
Nobuco Rachi (Diagramação e Edição de Imagens)

Projeto Visual
Lourdes Guacira da Silva Simonelli

Impressão Digital e Acabamento
Luís Carlos Gomes
Erivaldo de Araújo Silva

FUNDAÇÃO
EDITORA UNESP impressão DIGITAL